Engelbert Götz

FührungsIntelligenz

Engelbert Götz

FührungsIntelligenz
Das KOPF ist entscheidend!

Trainerverlag

Impressum / Imprint

Bibliografische Information der Deutschen Nationalbibliothek: Die Deutsche Nationalbibliothek verzeichnet diese Publikation in der Deutschen Nationalbibliografie; detaillierte bibliografische Daten sind im Internet über http://dnb.d-nb.de abrufbar.
Alle in diesem Buch genannten Marken und Produktnamen unterliegen warenzeichen-, marken- oder patentrechtlichem Schutz bzw. sind Warenzeichen oder eingetragene Warenzeichen der jeweiligen Inhaber. Die Wiedergabe von Marken, Produktnamen, Gebrauchsnamen, Handelsnamen, Warenbezeichnungen u.s.w. in diesem Werk berechtigt auch ohne besondere Kennzeichnung nicht zu der Annahme, dass solche Namen im Sinne der Warenzeichen- und Markenschutzgesetzgebung als frei zu betrachten wären und daher von jedermann benutzt werden dürften.

Bibliographic information published by the Deutsche Nationalbibliothek: The Deutsche Nationalbibliothek lists this publication in the Deutsche Nationalbibliografie; detailed bibliographic data are available in the Internet at http://dnb.d-nb.de.
Any brand names and product names mentioned in this book are subject to trademark, brand or patent protection and are trademarks or registered trademarks of their respective holders. The use of brand names, product names, common names, trade names, product descriptions etc. even without a particular marking in this works is in no way to be construed to mean that such names may be regarded as unrestricted in respect of trademark and brand protection legislation and could thus be used by anyone.

Coverbild / Cover image: www.ingimage.com

Verlag / Publisher:
Der Trainerverlag
ist ein Imprint der / is a trademark of
OmniScriptum GmbH & Co. KG
Heinrich-Böcking-Str. 6-8, 66121 Saarbrücken, Deutschland / Germany
Email: info@verlag-trainer.de

Herstellung: siehe letzte Seite /
Printed at: see last page
ISBN: 978-3-8417-5078-5

Copyright © 2013 OmniScriptum GmbH & Co. KG
Alle Rechte vorbehalten. / All rights reserved. Saarbrücken 2013

Vorwort	7
Einstieg	13
1. Die Parameter von Führung	18
1.1. Die Position der Führungskraft	19
1.2. Die Führungskraft als Zentrum des Teams	27
1.3. Die Führung als militärische Ordnung	32
1.4. Die Managementausstattung	37
1.5. Das Glück und das Risiko im Rahmen der Handlungsplanung	44
2. Die Veränderung und die Sicherung als Basis	48
2.1. Der Veränderung als Change-Prozess	49
2.2. Die Sicherheit als Motivationssäule	57
3. Die Ziele und die Zielsysteme als Steuerungseinheit	60
3.1. Die Eigenschaften von Zielen und Zielsystemen	61
3.2. Die Zielformulierung als kreativer Prozess	74
3.3. Die Unternehmenspolitik als Störfaktor	79
4. Der Umgang mit Fehlleistungen	84
4.1. Die negative und die positive Einflussnahme	85
4.2. Die Reaktion auf Fehlentwicklungen	90
4.3. Die Qualitätssicherung durch stetige Verbesserung	94
4.4. Das Misserfolgsrezept von Druck und Mehrarbeit	97
4.5. Das Controlling als fehlgeleiteter Druckfaktor	100
4.6. Die Werte als Grundlegung menschlichen Handelns	103
4.7. Der natürliche Druck als Elementarerlebnis	107
5. Die Mitarbeiter als grundlegend Handelnde	110
5.1. Die Grundlagen effektiver Mitarbeiterschaft	111
5.2. Die Mitarbeiter als wesentlicher Baustein des Führungsgebäudes	118
5.3. Die Katalysatorfunktion im Teamleben	123

6. Die Kommunikation innerhalb des Teams 128
6.1. Die Mitarbeiterzahl als Einflussfaktor der Team-Leistung 129
6.2. Die Mitarbeiterzahl im Lichte der Teamsoziologie 133
6.3. Die Visualisierung zur Förderung der Teamprozesse 139
6.4. Die Rituale als kommunikationserleichternde Ereignisse 142
6.5. Die Synergieaus(f)löser Druck und Angst im Teamalltag 143
6.6. Die Relevanz von Konflikten zur Teamentwicklung 150

Fazitäre Abschlussgedanken 152

Anhang 157

Reflektionsimpulse für eine Optimierung des Bestehenden 158
Instrumentenfahrplan für ein Change-Management 176

Literatur 181

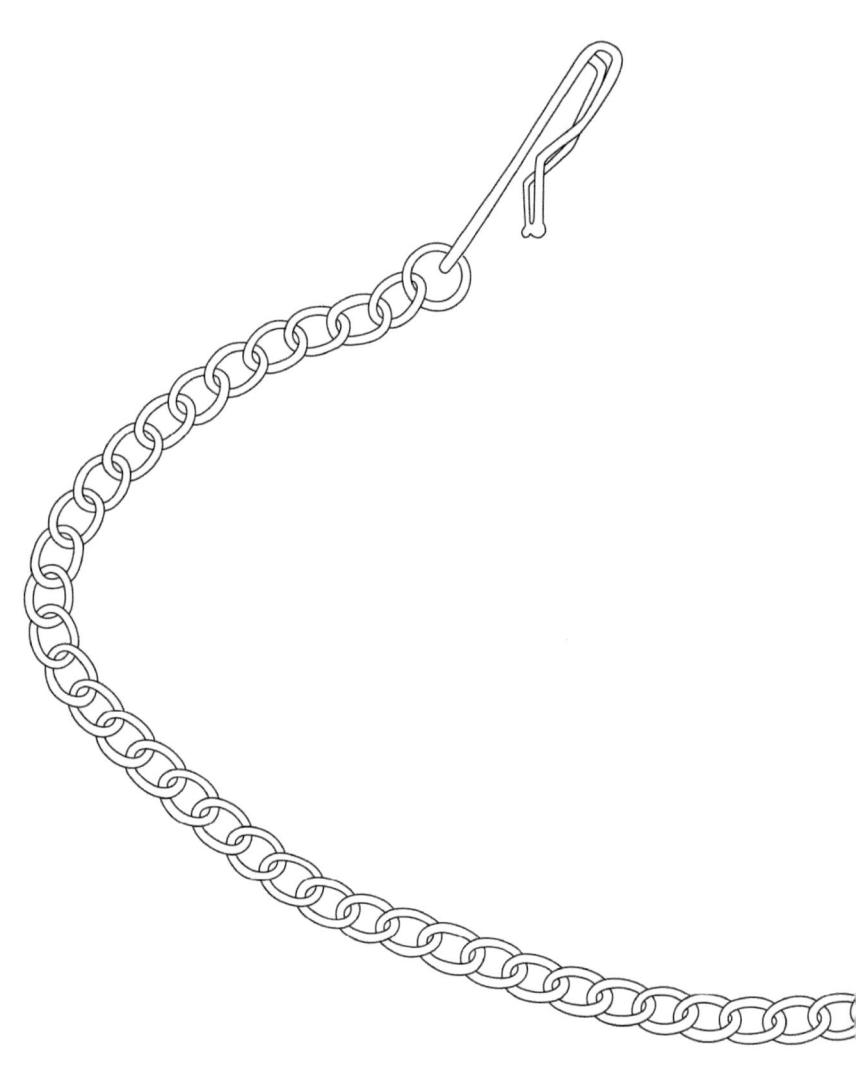

Konzept offener Projektarbeit und -führung

Vorwort

I.

Insbesondere die obersten Führungsebenen deutscher KMUs (Klein- und Mittelständische Unternehmen) werden auf ihren Ausbildungswegen zunehmend betriebswirtschaftlich verblödet – die Kennzahlen regieren und sind das zentrale und scheinbar ausreichende Instrument einer jeden guten Führungskraft - und genau an dieser Stelle beginnen die Schlaglöcher, die teilweise – kontrafinalerweise - betriebswirtschaftlich zerstörerische Folgen haben.

Das Ergebnis dieser Entwicklung sind engagierte und fähige Führungskräfte mit Tunnelblick. Mitarbeiter, die das Unternehmen sind (Danah Zohar) - Menschen also - sind nicht ausschließlich mit Kennzahlen zu führen.

Die Erfahrungen, die ich seit mehr als 20 Jahren als Führungskraft bzw. als Begleiter und Trainer von Führungskräften machen musste und durfte, haben nun zu diesem Buch über „FührungsIntelligenz" geführt.

Der Kopf im Unternehmen, in jeder Abteilung und in jedem Team entscheidet über den Erfolg und den Ertrag. Die beiden alten Sprüche: „Der Fisch stinkt vom Kopf" oder schonender formuliert: „Die Treppe wird von oben gekehrt" sind für dieses Ergebnis meines beruflichen Alltags die bildhafte Formulierung.

Im Zuge der immer schneller werdenden beruflichen Veränderungen im Arbeitsalltag ist die „Projektorientierte Führung" die zwingende Folge! Was bedeutet dies? Ist dann nicht das perfekte Projektmanagement, über das schon viel geschrieben wurde, das Allheilmittel?

Mit DeMarcos „Der Termin" gibt es doch hier ein Grundlagenwerk, das keiner Ergänzung mehr bedarf.

Mein Alltag hat mich aber eines Besseren belehrt.

Dies zu belegen und Wege zu zeigen, ist der Sinn dieses Buches. Führungskräfte können ihre Mitarbeiter, die in der heutigen modernen dienstleistungsorientierten Gesellschaft alle Schnittstellen – oder Nahtstellen – sind, nur in Ausnahmefällen ausschließlich mit betriebswirtschaftlichen Instrumenten steuern. Auch wenn das Personal heute den Namen „Human Ressources" oder „Human Capital" bekommen hat, ist die Arbeit wie mit einem Maschinen Aggregat wenig sinnvoll.

Ein **K**onzept **O**ffener **P**rojektarbeit und –**F**ührung (**KOPF**) muss also über diese Ebene hinausgehen. Eine Reduktion auf eine saubere, antiseptische, betriebswirtschaftliche Unternehmensführung ist zum Scheitern verurteilt – vergisst man die Handelnden, vergisst man das Unternehmen.

Der Weg liegt also letztendlich in einer Betrachtung der betriebswirtschaftlichen Zwänge und der menschlichen Bedürfnisse.

Das vorliegende Buch beschreibt deshalb erlebte Situationen und deren Analysen auf Basis sowohl betriebswirtschaftlicher Betrachtungsweisen als auch sozial-psychologischer Zusammenhänge. Es werden Wege formuliert, wie individuell und situativ Konzepte gefunden werden können, Einzelfälle zu zerlegen sind und zu einem positiven Ergebnis geführt werden können.

II.

Der erste Dank gilt meiner Familie, die mir in den vergangenen 16 Jahren ein sicherer Rückhalt war. Meine beiden Kinder, Anne und Henry Götz, haben beide ihren Weg ins Leben gefunden, mit einem Vater, der manchmal nur an den Wochenenden ihr Leben „bereichern" konnte. Danke euch beiden!

Ein weiterer Dank gilt meiner Frau Antje Götz-Bungarten, die mir nicht nur während ihres Psychologie-Studiums und ihrer täglichen Arbeit als Psychologin, die Tür zur Wissenschaft der Psychologie geöffnet hat, sondern, die auch während unserer gemeinsamen 16 Jahre immer eine geliebte Partnerin war.

Für die Ausdauer und die Nähe, meine liebe „Fach-Ehefrau", will ich mich auch an dieser Stelle bei dir bedanken.

III.

Neben meinen Coachees, denen ich dieses Buch widme, möchte ich mich bei fünf Menschen bedanken, ohne die dieses Buch so nicht entstanden wäre! Die Reihenfolge stellt dabei keine Wertigkeit dar!

Zuerst nenne ich Manuela Harms – die nicht nur eine liebe Freundin ist, sondern auch eine sehr (!) geduldige und diskussionsfreudige Kreative, die alle Illustrationen in diesem Buch erstellt hat und den Text für den Druck aufbereitet hat.

Die Abende – und manchmal auch Nächte mit viel lauter Musik – die du mir für Diskussionen um die optische Darstellung der Inhalte – Uhrwerk, Orchester oder doch Segelcrew und vieles mehr - gegeben hast, haben mir Horizonte geöffnet.

… und dann hast du nicht nur alles Korrektur gelesen, sondern mich auch noch als Coach ertragen müssen, der mit dir so viele Situationen diskutiert hat und mir immer wieder deine Sicht als Mitarbeiter vor Augen geführt hat – vielen Dank!

Meinen lieben Freunden und Trainer-Kollegen Ines Heindl und Hartwig Eckert möchte ich danken für ihr unglaubliches Engagement und ihr Herzblut an diesem Projekt – und an mir!

Ihr habt nicht nur Ideen mit mir stundenlang diskutiert, seit wegen dieses Buches durch halb Deutschland gefahren, geflogen und bestimmt auch Zug gefahren, ihr habt mich auch immer wieder auf Wege geführt, die nicht nur stilistisch, sondern auch inhaltlich dieses Projekt für mich so wertvoll machen!

Die Diskussionen mit euch – bei manchem Glas Weißwein – haben diesem Projekt Entspannung und so viel Stringenz, Erfahrung und eine ganz andere Sichtweise gegeben, dass ich euch einfach nur sagen kann: Danke!

Dem wahrscheinlich besten Projektmanager Deutschlands und Freund, Peter Jaenicke, gilt mein nächster Dank: Lieber Peter, vielen Dank für deine Freundschaft und die immer wieder kehrende Möglichkeit zur Diskussion über viele Abende – und bei manchem Bier - bis tief in die Nacht.

Du hast mir aufgrund deiner Erfahrung in den schwierigsten Projekten in der Finanzdienstleistungsbranche deine gesamte Expertise zur Verfügung gestellt und mir damit deine fachliche Weihe gegeben.

Aber nicht nur das: du hast mir die Wege zu deiner Expertise in die Philosophie von Judo und Karate gezeigt und mir das Verständnis, vieles für mich Unverständlichem, offenbart.

… und lieber Peter, du warst einer der Ersten, die unter mir im Training gelitten haben, einer der ersten, die das Manuskript dieses Buches gelesen haben und für mich ist es das Schönste zu erleben, wenn der Schüler den Lehrer übertrifft. Ich will dir danken für all dies, dein Engagement und das öffnen der Wege in den Raum der Projektmanager.

Meinem Kollegen Wilfried Grenz danke ich für seine Freundschaft und seinen Beitrag zu diesem Buch, ohne das er es jemals gelesen hätte – sein Urteil wäre vernichtend! … und zwar berechtigt … aus seiner Sicht!

Du weißt, es hat mal ein Vorstand gesagt: Dr. Grenz ist ein Brandstifter und legt an jeder Stelle Feuer. Dr. Götz begleitet das Treiben und bringt es in einen erträglichen Rahmen. Was bleibt ist ein beherrschbares Feuer, mit positiver Energie für die Zukunft.

Die Arbeit mit dir macht einfach nur Spaß! Wir arbeiten in und an Projekten, wir arbeiten beim denselben Kunden und wenige verstehen, wie sowas geht.

Ich möchte mich für deine Diskussionsbereitschaft, deine Freundschaft bedanken, die mich auch in diesem Projekt sehr weit gebracht hat. Es tut gut zu erleben, wie deine strategische Gruppen-Klarheit mit meiner individuellen Detailarbeit harmoniert … auch wenn unser Projekt www.ggweite.de manchmal nicht verstanden wird, weil „ein Vorstand sich nicht traut".

Ich denke, wir werden noch das ein oder andere Projekt - bei dem ein oder anderen Glas Rotwein in San Zeno -- für den ein oder anderen Kunden konzipieren.

IV.

Aufforderung:

Liebe Juristen, vergesst nie die Macht der ungeschriebenen Gesetze eines Unternehmens!

Liebe Wirtschaftswissenschaftler, vergesst nie die Macht der Handelnden!

Liebe Ingenieure, vergesst nie die Macht der Unvernunft!

Liebe Geisteswissenschaftler, vergesst nie die Macht der juristischen und betriebswirtschaftlichen Zwänge!

Meinen Coachees

Einstieg

Dieses Buch stellt individuelles Führungsverhalten aus der erlebten Praxis dar, betrachtet Situationen und bietet eine plastische Hilfestellung an, für Wege aus dem Minenfeld „Führung", damit sowohl die Zahlen „stimmen" als auch das soziale Bedürfnis der Menschen eine Befriedigung findet – und damit die Zahlen auch „nachhaltig stimmen".

„Ich werde das Unternehmen verlassen, ich kann dem Führungsverhalten nicht mehr folgen, es verletzt meine Werte!" „Führung ist hier kein Thema, solange die Vertriebszahlen stimmen!" „Ich habe in der Kommunikation mit meinen Mitarbeitern kein Problem, das sieht jeder schon an den Zahlen." Äußerungen aus der Top-Führungsriege eines Großunternehmens innerhalb einer Stunde, gefallen in drei Einzelgesprächen. Ein zufälliges Beispiel aus dem Alltag in der Begleitung von Führungskräften. Irgendetwas läuft hier doch falsch, oder?

Ein Manager nimmt Bezug auf seine Werte und spricht von Kündigung. Der zweite folgt irgendwie dem Management by Objectives-Ansatz. Solange die Zielerreichung stimmt, kann der Prozess in den Hintergrund treten, wobei er vergisst, dass es als Führungskraft ein „Nicht-führen" nicht gibt. Auch „Nicht-Führen" wird von den Mitarbeitern als Führungsstil erkannt. Der dritte Manager nimmt die betriebswirtschaftlichen Zahlen gar als Beleg für richtiges Verhalten. Wer hat recht?

Die Verhaltensregel: „Was du nicht willst was man dir tut, das füg auch keinem anderen zu!", die viele von ihren Eltern hören, einige sogar in Bezug der Behandlung von Tieren, spielt unter Erwachsenen in einem Unternehmen offensichtlich keine Rolle mehr. Oder steht einfach die Betriebswirtschaftslehre über der Idee von Emanuel Kants kategorischem Imperativ, der dem Merksatz aus der Kindererziehung so verblüffend ähnlich ist: "Handle nur nach derjenigen Maxime, durch die du zugleich wollen kannst, dass sie ein allgemeines Gesetz werde."

Zumindest einer der Gründerväter der Betriebswirtschaftslehre, Erich Gutenberg, macht im Vorwort seiner „Unternehmensführung" deutlich, dass die rein betriebswirtschaftliche, meist mechanische und juristische Darstellung der Unternehmensabläufe und ihre Optimierung, nur ein Teil der Kunst der Unternehmensführung beschreibt. Als einer der Begründer der BWL weiß Gutenberg hier von der Überforderung seiner Disziplin und schließt damit auch eine Lösung einer effizienten und effektiven Unternehmensführung allein auf Basis der Vorgehensweise der BWL aus.

Gutenberg stellt ganz offensichtlich nicht auf die Komplexität des betriebswirtschaftlichen Problems, sondern auf die Situation der Führungskraft in ihrer ganz individuellen und situativen Position ab. Die heute oft erlebte Umkehrung „wenn die Zahlen stimmen, stimmt auch mein Verhalten" vernachlässigt die emotionalen und sozialen Bedürfnisse der Menschen und reduziert die Mitarbeiter auf ein Humankapital, macht aus Menschen MAKs und VBEs, die genauso behandelt werden dürfen. Der Rückschluss vom gegenwärtigen auf die zukünftigen Ergebnisse ist dann in der Regel nur zufällig richtig.

Selbst neuere komplexe betriebswirtschaftliche Ansätze wie die von Gomez und Probst (siehe Abbildung 1) helfen zwar als Modell, sind aber weit weg von der Realität, sobald der Mensch ins Spiel kommt. – Versuchen sie mal von „Kenntnis von Kundengewohnheiten" (Oben Mitte) über die Pfeile zur „Lösung für den Kunden" zu kommen. Geschafft? - Ja gerade die exorbitant hohe Zahl der Entscheidungsnahtstellen macht die Schwierigkeit besonders deutlich. Jede Nahtstelle öffnet die Schleuse an der Bruchstelle der Perforation im Riss des Gefüges.

Die „Launen" der verantwortlichen Führungskraft und die Reaktion der Mitarbeiter darauf sind häufig genug nur durch Reaktanz mit wenig vernünftiger Basis geprägt. Wird hieraus eine Prognose für zukünftiges Verhalten abgeleitet, so ist die Fehlerwahrscheinlichkeit sehr hoch. Hier den Homo oeconomicus, d.h. einen durch rationales Verhalten gesteuerten Menschen zu unterstellen, ist grob fahrlässig. Dietrich Dörner hat dies in seinem Werk „Die Logik des Misslingens" am Beispiel der Katastrophe von Tschernobyl sehr deutlich aufgezeigt.

Der Versuch menschliches Handeln mit Modellen aus klar strukturierten Wegen oder auch durch mit Wahrscheinlichkeiten gewichteten Alternativen zu erklären, kann als Entscheidungsbasis zu extremen Streuungen der tatsächlichen Handlungen der Mitarbeiter führen. Aufgrund der Komplexität selbst linearer Modelle die menschliches Verhalten abbilden sollen, steigen die Entscheidungsmöglichkeiten mit jedem zusätzlichen Ast deutlich überproportional an. Das allseits bekannte Beispiel des Flügelschlags eines Schmetterlings in Brasilien und dem dadurch verursachten Unwetter in China macht dies besonders deutlich.

Die Diskussion die Taleb in seinem Buch „Der schwarze Schwan" über die Validität von sicheren Annahmen in der modernen Kapitalmarkttheorie angestoßen hat, die nur ein relativ einfaches menschliches Entscheidungskalkül betrachtet – investieren oder nicht – macht die Problematik selbst in relativ einfachen Entscheidungssituationen sichtbar. Haben wir es mit verknüpften Entscheidungen zu tun, d.h. Entscheidungen die aufeinander aufbauen, stellt sich die grundsätzliche Frage, in wieweit betriebswirtschaftliches Modelldenken bei dieser Problematik einen sinnvollen, konstruktiven Nutzen für den unerfahrenen Anwender haben kann.

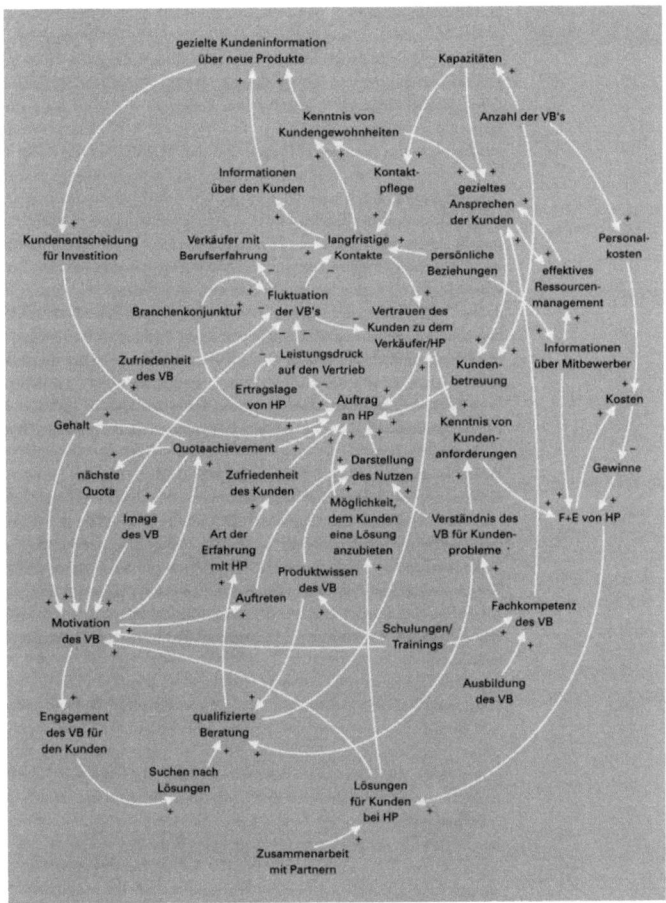

Abbildung 1 (eigene Darstellung in Anlehnung an P. Gomez et. al. (1995) S. 267)

Selbst lange Zeit beobachtete Verhaltensweisen können nicht als sichere Annahmen gewertet werden, wie das noch ältere Truthahn-Beispiel von David Hume zeigt. Ein 1.000 Tage gefütterter Truthahn unterliegt einer existentiellen Fehlannahme, wenn er davon ausgeht auch am 1.001 Tag gefüttert zu werden, wenn am nächsten Tag Thanksgiving Day ist. Das Ansinnen, Vertriebs- bzw. Produktionsprozesse, bei denen Menschen in aufeinander aufbauenden Prozessen beteiligt sind, in einem sicheren oder quasi-sicheren Modell abzubilden, muss vor einem solchen Hintergrund als existenzbedrohend oder zumindest geradezu lächerlich wirken.

Endscheidungen von Mitarbeitern in Unternehmen werden häufig aus der Routine heraus getroffen, wie die des Truthahns der 1.000 Tage gefüttert wird und am 1.001. Tag dabei seinen Kopf verliert. Dies ist traurig für den Truthahn und beendet sein von ihm als sicher angenommenes Lebensmodell abrupt, aber es ist bei externer Sicht normal für den Lebensablauf eines Zuchttruthahns und den Bauern.

Selbst die Versuche der Quantifizierung von unsicherem, abweichendem Verhalten durch die Normalverteilung, sind im Modell nachvollziehbar, berücksichtigen aber nur eine, die erste Form von Unsicherheit, wie Keynes sie bereits formuliert hat:

1. Unsicherheit in rechenbare Größen umzuwandeln gelingt bei statistischen Zeitreihen.
2. Die Ausprägung einer nur sortierbaren Form von Risiko, die größer oder kleiner Aussagen zwischen zwei Situationen – die Entscheidung A trägt ein größeres oder kleineres Risiko als die Entscheidung B - zu lässt, ist schon häufiger.
3. Wenn zwar formuliert werden kann, das Möglichkeit A besser ist als Möglichkeit B und es auch klar scheint, das wohl B besser ist als C, so kann eine Aussage über die Beziehungen von A und C dennoch unklar sein. In diesem dritten Fall ist rechnen nicht mehr möglich.

Die Form von Unsicherheit, die wir aber unterstellen dürfen, wenn wir es mit Menschen in Führungssituationen zu tun haben, ist die schwächste, die Dritte. Sie lässt über den Grad und die Richtung der Unsicherheit gar keine Aussage zu, weil sie schlicht unsicher ist und keineswegs immer rationalen Gesetzen folgt. Dann, wenn der Lustwille - die Motivation - den Vernunftwillen - die Volition - dominiert, ist grundsätzlich alles möglich.

Deswegen die betriebswirtschaftlichen Ansätze und ihre mathematischen Hilfsdisziplinen zu verteufeln, wäre allerdings der falsche Ansatz. Vernetztes Denken an komplexen Modellen zu erlernen und Entscheidungen auf Basis zufallsbasierter Modelle vorzubereiten und Möglichkeiten durch zuspielen, ist mehr als hilfreich. Falsch ist nur, sie als Gesetz zu sehen und sich wenig reflektiert auf sie zu verlassen. Modelle sind nicht die Realität, sie sollen den Handelnden nur helfen, die Realität zu verstehen. Eine Umkehrung der Modelle, das heißt, sie als Beschreibung der Wirklichkeit zu sehen und zur Beurteilung von Verhalten ist schlicht falsch, oft gefährlich und deshalb nicht zulässig. Die einfache Logik besagt, dass aus einer falschen Aussage, jede Aussage folgt und damit ist das Ergebnis, der Schluss daraus, zufällig.

Kommt der Mensch ins Spiel, sind zwingend die Psychologie und ihre Lehren zu berücksichtigen. Erst die Einbeziehung dieser Wissenschaft macht betriebswirtschaftliche Erklärungsmodelle und die Ergebnisse ihrer Praxis-Tests häufig verständlich.

Wenn ein fähiger, führender Manager ein Unternehmen verlässt, obwohl seine und die Zahlen des Unternehmens „stimmen", läuft etwas falsch. Wenn ein anthroposophisch geführtes Unternehmen keinen Gewinn abwirft, obwohl die Mitarbeiter sich „sehr wohl fühlen", läuft etwas falsch.

Nur wenn ein Unternehmen Gewinn abwirft, behalten die Menschen ihren Arbeitsplatz. Nur wenn die FührungsIntelligenz im Unternehmen zunächst die Effektivität und dann erst die Effizienz beachtet, wird ein Unternehmen nachhaltig Gewinn erwirtschaften.

Nur wenn der Vorstand, der ständig seinen Horizont erweitert, in einen kontinuierlichen Veränderungsprozess einsteigt, darauf achtet, dass seine Handlungsweise, das Unternehmen an einem aufstrebenden Markt platzieren kann, kann er sich den Luxus leisten, mitarbeiterorientiert zu führen.

Leistet er sich diesen Luxus allerdings nicht, hat er zwar das Ruder der Unternehmenspolitik richtig gestellt, wird aber dennoch trotzdem vom Markt verschwinden, denn der Wettbewerb wird seine erfolgreiche betriebswirtschaftliche Struktur kopieren und sie nachhaltig mit Leben füllen. Genauer gesagt mit dem Leben, dem Wissen und den Erfahrungen der Mitarbeiter, die unzufrieden das wenig menschliche Konzept verlassen und sich erfolgreich in der Kopie mit hoher FührungsIntelligenz neu orientieren.

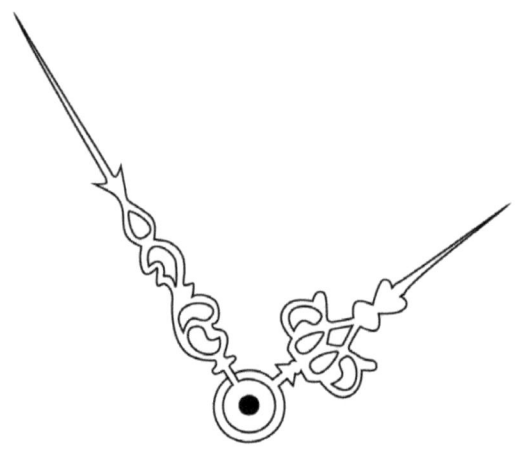

1 DIE PARAMETER VON FÜHRUNG

1.1. Die Position der Führungskraft

Situation: In einem Start-up Unternehmen, das sich in der stürmischen Gründungsphase befand, wurde der sehr prestigeorientierte, aber ansonsten eher arbeitsumgehende Regionalleiter wegen persönlichen Fehlverhaltens fristlos gekündigt. Da der Standort aber weit von der Zentrale entfernt war, musste schnell ein Nachfolger gefunden werden, denn ein aggressives Vertriebsteam ohne Kopf treiben zu lassen, wurde gerade in der Gründungsphase als eher gefährlich angesehen.

Die Vertriebszahlen des agilen Teams waren gut, wobei ein Mitarbeiter mit leichtem Abstand vor den anderen rangierte. Dieser Kollege war ein hervorragender Verkäufer und zeichnete sich besonders durch ein zielorientiertes Handeln sowie ein ausgezeichnetes Beziehungsmanagement zu seinen Kunden aus. Was lag also näher als diesen ausgezeichneten Vertriebler auf die leitende Stelle zu heben. Der neue Leiter war somit schnell gefunden und dies mit einer Logik, die transparent war und bei allen Beteiligten ein Gefühl von hohen Erfolgsaussichten und auch Gerechtigkeit gegenüber den anderen Kollegen hinterließ.

Das Ergebnis bestätigte nach kurzer Zeit die Vermutung: Die Zahlen des Teams hatten nicht nur gehalten, sondern sie waren sogar leicht besser geworden. Die Personalentscheidung und die Entscheidung des zuständigen Regionalvorstandes waren richtig gewesen.

Der zuständige Vorstand hatte entschieden sich zunächst einmal mit einem gleichgültigen Führungsstil aus der Dynamik des anstehenden Teamprozesses herauszuhalten. Ähnlich wie der beförderte Kollege hatte auch er eine erfolgreiche Vertriebskarriere hinter sich und wurde auf den Vorstandsposten wegen seiner jahrelangen deutlich überdurchschnittlichen Vertriebsergebnisse gehoben. Auch er hatte von den Soft Facts des Themas „Führung" noch nie etwas gehört.

Für ihn war klar, da die Logik bei ihm funktionierte, musste sie auch für jeden anderen Mitarbeiter seines Unternehmens stimmen, denn er war der leuchtende Beweis.

Die Buschtrommeln an den Kaffeemaschinen und Kopierern im Unternehmen verkündeten aber etwas ganz anderes. Die (alten) Kollegen beklagten sich massiv über ihren neuen Chef. Die Tür des Büros war für sie verschlossen, einzig eine Assistentin hatte Zutritt.

Erste Gerüchte über jugendgefährdende Praktiken im Büro des inzwischen etwas pfauenhaften neuen Chefs machten die Runde. Das Gesamtunternehmen hatte ein spannendes Thema, dessen Ausschmückungen romanhafte Züge annahm.

Was war passiert? Die Zahlen belegten doch, dass alles richtig war und trotzdem war der Arbeitsprozess im gesamten Unternehmen gestört. Und die Kommunikation beschäftigte sich nur mit der Störung, nicht mit den besseren Zahlen.

Die Zielerreichung der meisten Mitarbeiter war eher etwas schwächer geworden, aber das hatte der jetzt im Vertrieb noch exzellentere neue Leiter sehr gut kompensiert. Die Mittel, die er dazu nutzte, zeugten von hoher vertrieblicher Energie und zielorientierter Kreativität. Er hatte unter anderem seine neuen administrativen Kompetenzen dazu genutzt, die besten, sprich potentesten Kunden seiner alten Kollegen und jetzigen Mitarbeiter zu selektieren. Die lukrativsten dieser Kunden – die gern von einem Direktor betreut werden wollten – hatte er dann zu seinen Kunden gemacht, frei nach dem Motto: Ober sticht Unter!

Dass in der Folge das Verhältnis des Teams zu seiner neuen Führungskraft zerrüttet war, wunderte niemanden und die Kommunikation der Kollegen ins Unternehmen generierten die Störung. Die Zahlen stimmten zwar – könnten aber deutlich besser sein.

Gelöst wurde die Problematik schließlich durch eine doppelte Maßnahme: Zum einen wurde die Anreizstruktur verändert und zum anderen ein Teamprozess angestoßen: Die erfolgsabhängige Honorierung der Führungskräfte aus den eigenen Vertriebsaktivitäten wurde gedeckelt, dafür wurde die mögliche Honorierung der Führungskraft für eine erfolgreiche Teamleistung deutlich angehoben. Damit gab es keinen Anreiz mehr, Geschäfte auf Kosten der Mitarbeiter zu machen.

Parallel dazu wurde ein Mediationsverfahren eingeleitet, das die Kommunikation mit einigem Aufwand wieder in Gang brachte. Schließlich wollte man keinen der hervorragenden Vertriebsmitarbeiter verlieren.

Analyse und Hintergrund: Definiert man eine Führungsaufgabe so, dass es die Aufgabe einer Führungskraft ist, sein Team so zu steuern, dass Synergien entstehen und die Stärken des Einzelnen so eingesetzt werden, dass das Teamergebnis besser ist, als die Summe der Einzelleistungen eines jeden Mitarbeiters, dann ist klar, dass das Ergebnis im obigen Fall trotz leichter Verbesserung enttäuschend ist. Die Verbesserung der Vertriebsergebnisse eines Einzelnen, der sich im wesentlichen auf seine Verhaltensweisen und

Quellen konzentrieren und diese optimieren kann, ist nicht die gleiche Aufgabe wie die Führung eines Vertriebsteams mit einer Reihe individueller Verhaltensprozesse, die optimal aufeinander abgestimmt werden müssen.

Die Führungskraft steht im Mittelpunkt des Führungsprozesses. Die Graphik unten (Abb. 2) macht dies deutlich. In der Darstellung wird „die Führungskraft in den Mittelpunkt stellen" wörtlich genommen. Aber nicht nur die Mitte auf der operationalen Ebene ist wichtig. Um die Wirkung einer Führungskraft deutlich zu machen, muss schon die 3. Dimension bemüht werden: Die Führungskraft wirkt als Leuchtturm, die Mitarbeiter schauen zu ihr auf.

Aufgabenfelder von Führungskräften

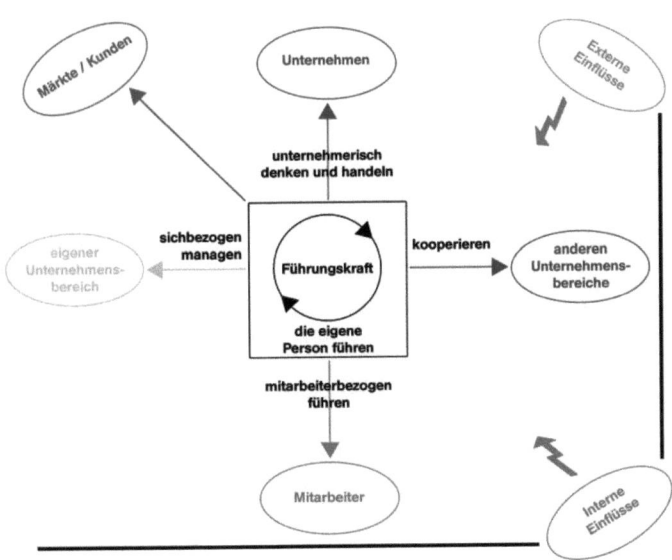

Abbildung 2 (Eigene Darstellung)

Gibt es nichts aufzuschauen, weil die Führungskraft nicht positiv sicht- und fühlbar ist, fällt die Leistung der Mitarbeiter mit schöner Regelmäßigkeit in sich zusammen. Wird das Vakuum durch eine positiv wirkende, informelle Führungskraft, ausgefüllt, hat das Team eine Chance, seine sozialen Bedürfnisse zu befriedigen und die Ergebnisse zu halten.

In der 3. Dimension stehen nicht das fachliche Wissen und der vertriebliche Erfolg – der betriebswirtschaftlich erfassbare – im Visier, sondern das Engagement und die Energie, mit der der „Boss" seine Führungsaufgaben in Angriff nimmt. Die Funktion des Leuchtfeuers, das die Richtung weist, symbolisiert die Wirkung am deutlichsten. Egal bei welchem Wetter, egal welches Betriebsklima herrscht, ein sicherheitsgebendes Element macht ein ruhiges und effizientes Arbeiten erst möglich, sogar die Zeit wird dann häufig vergessen.

Aber zurück in die Ebene der Abbildung 2: Die wichtigste und erste Aufgabe ist immer: die eigene Person zu führen. Die eigenen Arbeitsprozesse und -aufgaben effektiv und effizient, ohne Hektik und mit fühlbarer Sicherheit zu verfolgen. Dies bringt Zeit fürs kreative und situative Führen und zeigt die FührungsIntelligenz. Dieser Aspekt sollte einer Führungskraft deshalb immer über allem stehen, die Funktion des Leitwolfs im Rudel kann nicht durch einen demokratischen Prozess ersetzt werden. In einem, häufig mit einem Haifischbecken verglichenen Markt, muss einer die Entscheidungsverantwortung übernehmen und vorangehen – formell oder informell.

Als Führungskraft muss Klarheit über die eigene Person herrschen. Fehlt diese, helfen keine noch so schönen Führungsleitbilder und -instrumente, denn die Führungskraft scheitert bereits am Verständnis der Kommunikationsstörungen, die nur in der eigenen Person liegen.

Wenn zum Beispiel eine intrinsisch motivierte Führungskraft extrinsisch motivierte Mitarbeiter führt, kann sie sich noch so sehr um den Prozess und die sozialen Netze kümmern, es interessiert ihre Mitarbeiter nur untergeordnet - und das nachvollziehbar. Diese Führungskraft verzweifelt am mangelnden Interesse der Kollegen, die nicht wie sie, allein schon aus Freude am Weg zum Erfolg arbeiten. Die extrinsisch motivierten Mitarbeiter interessiert der Prozess nur insoweit als im Ergebnis mehr dabei für sie herauskommt, ansonsten ist er ihnen und auch das soziale Netz ziemlich egal. Sie interessiert der Ertrag und die Führungskraft spricht nur von der „Schönheit" und Eleganz der Abläufe!

Die Aufgaben „Mitarbeiter menschenbezogen führen", den zugeordneten Unternehmensbereich „sachbezogen managen", mit den anderen Unternehmensbereichen zu „kooperieren" sowie „unternehmerisches Denken und Handeln" gegenüber dem Unternehmen zu zeigen, werden in ihrer Wirkung zentral von der Führungskraft bestimmt. Ein noch so gutes technisches und wirtschaftliches Verständnis kann an dieser Stelle nicht das Engagement und die soziale Kompetenz des Menschen „Führungskraft" ersetzen.

Alle Wege zur FührungsIntelligenz sind geprägt durch Kommunikationsfähigkeit und Flexibilität, Verlässlichkeit und Konsistenz im Handeln. Auch der pathologische Führungsweg ist hier denkbar, der mit der verliehenen Gewalt-Kompetenz arbeitet und über Drohungen und Strafen wie Abmahnungen, Versetzungen und ähnliches auch zu einer Verhaltensänderung führt, allerdings vor dem Hintergrund von Angstgefühlen der Mitarbeiter kein nachhaltiges und dauerhaft positives Verhalten für das Unternehmensergebnis zur Folge hat. Er endet im Allgemeinen in ernsthaften Konflikten, wenn ein Thema nicht mehr isoliert gelöst werden kann. Spätestens an dieser Stelle hat die vernetzte kommunikationsoffene Führungskraft eindeutige Vorteile.

Deshalb steht die Frage: Wer bin ich? an oberster Stelle. Erst die Kenntnis der eigenen Persönlichkeit erlaubt das Verstehen anderer Persönlichkeiten. Erst wenn die eigenen Stärken klar sind, kann sinnvoll und zielgerichtet agiert werden.

Situation: Das folgende ereignete sich in einem mittelständischen Unternehmen der Dienstleistungsbranche mit etwa 300 Mitarbeitern im Stab und 4 Vertriebsbereichen. Jeder Vertriebsbereich hatte einen Vertriebsdirektor und war für eine Reihe von Vertriebsstellen verantwortlich. Ihre Funktion im Organigramm war direkt dem Vorstand unterstellt, sie stellten somit die höchste operationale Ebene dar.

Für diese Direktoren wurde ein Basis-Führungstraining angesetzt. Anlass des Trainings war die Neubesetzung einer der vier Leitungsfunktionen. Der alte Vertriebsdirektor einer dieser Einheiten ging in Ruhestand und man besetzte seine Position durch einen jungen agilen, hochmotivierten Mitarbeiter aus den eigenen Reihen, der in den letzten Jahren bereits eine Stellvertreterposition in einem der anderen Vertriebsbereiche ausgefüllt hatte.

Die interne Beförderung wurde allerdings erst in sechs Wochen offiziell umgesetzt, d.h. es verging noch einige Zeit bis er die neue Position übernehmen könnte. Damit war eine ordentliche Übergabe durch den alten Direktor möglich und erfolgte auch in angemessener Form. Der Neue wurde vom Alten den wichtigsten Kunden vorgestellt, die wichtigsten Funktionsträger für den Vertrieb wurden benannt und kontaktiert und der Markt und das Team aus Sicht des Alten beschrieben.

Die anderen drei Direktoren waren erfahrene Führungs- und Vertriebsmitarbeiter, wobei zwei auch schon über eine ausgeprägte, langjährige Führungserfahrung in anderen Unternehmen der Branche verfügten. Das Verhältnis der Kollegen war von einer offenen Teamkultur geprägt, die Kommunikationsprozesse auf ihrer Hierarchieebene verliefen reibungslos, fast freundschaftlich.

Das Trainingskonzept war so aufgebaut, dass nach einem zweitägigen Seminarteil, der im Wesentlichen einen einheitlichen Führungsprozess, sprich einen einheitlichen Einsatz von Führungsinstrumenten gewährleisten sollte, jeweils eine maximal 6 x halbtägige individuelle Begleitungsphase folgte, die auf einen Zeitraum von bis zu sechs Monaten gestreut werden konnte, um einen kontinuierlichen Feedback- und Implementierungsprozess zu gewährleisten.

Für die beiden erfolgreichen alten Hasen begann mit der Begleitung am Arbeitsplatz nun ein Feintuning. Sie nutzten die Möglichkeit um spezielle Themen mit für sie schwierigen Situationen und Mitarbeitern zu diskutieren und sich ein konstruktives Feedback bezüglich ihrer Gesprächsführung abzuholen. Ihr grundlegendes Führungsverhalten veränderten sie nur unwesentlich. Sie waren ja schließlich erfolgreich!

Der Dritte, ein eher gut strukturierter Kollege mit allerdings nicht so positiver Zielerreichung nutzte den Prozess um sich Feedback einzuholen im Rahmen von Mitarbeitergesprächen und Teamrunden. Er formulierte klar und deutlich, dass er unbedingt etwas verändern müsse und es auch tun würde. Er legte größten Wert auf ein klares und eindeutiges Feedback, weil er mit hoher Motivation an sich arbeiten wollte.

Trotz dieser hohen Motivation eine Veränderung herbeizuführen, scheiterte er jedoch mit diesem Vorhaben. Da er im Ergebnis eine Effizienzsteigerung im wesentlichen nur durch die Aufgabe von ein paar Sicherheitsschleifen und einer Verringerung seines Protokollwesens hätte erreichen können, verzichtete er auf bedeutende Teile der erforderlichen Veränderung, da sie für ihn einen zu großen Schritt in Richtung Unsicherheit bedeutet hätten.

Ohne dass er dies offen formuliert hätte, war folgendes klar: Diesen Schritt in die Unsicherheit – der für die Mitarbeiter ein Beweis von Vertrauen gewesen wäre – traute er sich nicht zu. Er hatte Angst vor dem Kontrollverlust, ein wesentlicher Teil seiner Persönlichkeit hätte diese aktive Störung seiner für ihn ganz normalen Bedürfnisse nicht ausgehalten.

Der Noch-Nicht-Vertriebsdirektor nahm die Chance war und nutzte die begleitete Phase für eine strukturierte Vorbereitung. Er erhielt so die Möglichkeit, die noch mangelnde Erfahrung durch begleitete Mitarbeitergespräche auszugleichen und in einem intensiven Feedbackprozess eine hohe Lern-Rate umzusetzen, noch bevor er offiziell die Position übernahm.

Das erste Gespräch galt dabei selbstverständlich seiner zukünftigen Stellvertreterin, die sich auch durchaus berechtigte Hoffnungen auf die Führungsposition gemacht hatte. Der Vorstand hatte dann jedoch anders entschieden. Dadurch, dass sie die erste Person war, mit der er sprach und das noch vor seinem Amtsantritt, drückte er ihr gegenüber plakativ seine Wertschätzung aus. Zusätzlich erfuhr er durch aktives Zuhören einerseits die aktuelle Stimmung ihm gegenüber und die Meinung seiner zukünftigen Stellvertreterin sowie andererseits bereits sehr viel über die informellen Abläufe in seinem neuen Bereich.

Da er auf diesem Weg bereits seine eigenen Botschaften und Vorstellungen artikulieren konnte, vermied er auch eine mögliche negative Konfrontation auf Teamebene, die aufgrund der Unsicherheit der Mitarbeiter in dieser Situation, nicht ganz unwahrscheinlich war, zumal er von außen in das Team kam und er eine interne Konkurrentin gehabt hatte.

Durch den Beginn mit den individuellen Gesprächen vermied er die Situation, dass sowohl er als Führungskraft als auch seine neuen Mitarbeiter gemeinsam in die unklare, unsichere Situation einer Teamsitzung gerieten, in der die Mitarbeiter ihre Unsicherheit sehr häufig dadurch kompensieren, das sie in eine „gemeinsam-sind-wir-stark-Position" gehen, die Sicherheit durch Polarisierung und Zusammenrotten verspricht, aus der sie, nach einem oft für sie positiven Erlebnis, dann gar nicht mehr aussteigen wollen.

In den nächsten vier Begleitungen testete er sowohl seine Vorgehensweise in Teamrunden mit Informationscharakter bzw. mit deutlicher Vertriebsorientierung, in denen er verschiedene Teamcoaching-Instrumente ausprobierte, als auch in der Feinabstimmung über Mitarbeitergespräche mit den einzelnen Kollegen. Weitere Themen waren der sinnvolle Einsatz von Vertriebskampagnen und einer bedarfsorientierten Vertriebssteuerung. Im sechsten und letzten Gespräch war der inzwischen neue Direktor, der die erarbeiteten Führungsinstrumente konsequent umsetzte, deutlich nervös und fühlbar verunsichert. In seiner Abschlussfrage formulierte er dies so: „Ich weiß nicht, ob ich nicht etwas Grundlegendes falsch mache – alle meine Kollegen arbeiten länger als ich, vielleicht könnten meine Zahlen ja noch besser werden?"

Seine drei Kollegen – die erfahrenen alten Hasen – arbeiteten viel länger und beschäftigten sich teilweise mit ganz anderen Themen - und besonders viel mit Zahlen. Diese warfen sie über wohl ausgearbeitete Excel-Tabellen auf den Mitarbeitersitzungen an die Wand und sprachen jede Woche detailliert darüber, erklärten was gut, überdurchschnittlich und außergewöhnlich gut gelaufen war. Sie wiesen daraufhin, was nicht so gut lief, machten Vorschläge was anders gemacht werden sollte und ermahnten zur Konzentration auf diese Themen. – Obwohl ihre Berater ihre Kunden und die bereits geführten Gespräche sicherlich besser kannten – und die ihnen deshalb und weil sie ja die Excel-Tabelle an der Wand studierten in der Regel sowieso nicht zu hörten.

Diese Erkenntnis konnten die drei „Excel-Direktoren" aber gar nicht machen, da sie viel zu sehr auf ihre eigene Vorbereitung konzentriert waren und in der Präsentation natürlich bei den ganzen Zahlen keine Fehler machen wollten.

Sie berechneten welche Vertriebseinheiten die besten Wachstumsraten aufwiesen, verglichen diese mit den Vorjahren, standardisierten über den durchschnittlichen Vertrieb des Hauses in diesem und den des letzten Jahres. Jede nur mögliche Ableitung konnten sie treffen und deutlich machen, warum der letzte Monat so gelaufen war, wie er war.

Und keinem der drei viel auf, wie uninteressant das alles war, insbesondere für die Kollegen im aktiven Vertrieb. Einzig die, die ganz hinten standen, leiteten daraus Gründe für ihr schlechtes Abschneiden ab. Die Führungskräfte antizipierten, dass der Aufwand der Erstellung und ihr forscherisches Interesse ein Spiegelbild für den Nutzen ihrer Vertriebseinheiten darstelle – leider ein Irrtum!

Was sie wussten: Vertriebssitzungen sollten nicht über eine Stunde oder anderthalb dauern, denn dann wurden sie zu teuer, aber wie wenig effektiv, dass erläutern des Warum ist, dass erkannten sie nicht!

Ganz anders der Neue Kollege, er verhielt sich sehr FührungsIntelligent: Er könnte eigentlich schon um 16:00 Uhr nach Hause gehen, denn sein Team musste nur einen Blick auf die Pinnwand werfen, die im Sozialraum stand und jeder wusste zu jeder Zeit, wo das Team stand. Er löste nicht die Probleme seiner Berater, er unterstützte sie, bei ihren eigenen Lösungen. Die Ergebnisse des neuen Direktors waren besser als die des Vorgängers und stabil.

Da er aus seiner Sicht keinen weiteren Karriereschritt geplant hatte, veränderte er seine Führungsarbeit nicht mehr. Die Meinung seiner Kollegen ihm gegenüber blieb gespalten, auf der einen Seite respektierten sie seine erfolgreiche Arbeit, auf der anderen Seite „lästerten" sie darüber, dass der Kollege ja immer sehr pünktlich Feierabend mache und dass das für eine Führungskraft doch sehr ungewöhnlich sei.

1.2. Die Führungskraft als Zentrum des Teams

Situation: Der Geschäftsführer, ein karrierebewusster, egozentrierter Mittvierziger, der bis dahin wenig informiert hatte, wurde aufgrund der persönlichen Missachtung seines umsatzstärksten Kunden, mit dem er – aus seiner Sicht – keine sinnvolle Kommunikationsebene finden konnte, obwohl der auch noch im Aufsichtsrat des innovativen Unternehmens vertreten war, entlassen. Die Gerüchte im Unternehmen besagten, dass die Dienstleistung eingestellt würde und die sehr engagierten, noch relativ unerfahrenen und in dieser Position jungen Mitarbeiter auf andere Abteilungen verteilt oder entlassen werden sollten.

Der unerfahrene Stellvertreter schlüpfte informell in das Führungsvakuum. Die einfache Grundüberlegung, die das bis dahin funktionierende Team leitete, war die Angst den Job zu verlieren und die schlichte Vermutung, dass eine aktive Strategie im Ergebnis nicht schlechter sein könne als eine passive. Sie handelten frei nach dem Motto: „Wer kämpft, der kann verlieren, wer nicht kämpft, der hat schon verloren." Ohne das sie eine sichere Informationen vorliegen hatten, bereitete sich das Team vor.

Es wurde eine aktive Strategie auf Arbeitsebene entwickelt, die die wesentlichen, fachlichen Kritikpunkte am alten Geschäftsführer aufgriff, korrigierte oder bestehendes mit Nutzenargumenten untermauert. Diese Veränderungen und Anpassungen wurden unaufgefordert in das Unternehmen kommuniziert – über alle Ebenen. Die veränderten Abläufe waren aus Sicht der Mitarbeiter deutlich effizienter und vor allem kundenfreundlicher als vorher.

Gleichzeitig formulierten die Mitarbeiter einen Brief, der auf allen Eskalationsebenen – Geschäftsführung, Aufsichtsrat, Personalvertretung und –abteilung - Informationen einforderte. Diese Maßnahme wurde nicht von allen Kollegen getragen, so dass, da niemand zu dieser politisch brisanten Aktivität gezwungen werden sollte, hier nur die Beteiligten unterschrieben. Die Dichte der konstruktiven und unternehmenspolitischen Aktivitäten, die ausschließlich positiv formulierten Gedanken, überraschten die Geschäftsführung und ließen sie ihren bisher nur gerüchteweise bekannten Plan überdenken.

Das Ergebnis: das Unternehmen wurde zwar liquidiert, aber die Mitarbeiter nicht über verschiedene Abteilungen verteilt – wie tatsächlich geplant war – sondern die Dienstleistung wurde als eigene Abteilung in einem übernehmenden Konzernunternehmen integriert. Die handelnden Mitarbeiter hatten sich als zu effizient, aber besonders als zu laut und zu aktiv erwiesen, um gekündigt zu werden. Das Engagement und die ausschließlich positive Beschäftigung mit der zukünftigen Ausrichtung der Abteilung – nicht mit dem „Warum-

etwas-nicht-geht" – hatte die negativen Aspekte der alten persönlichen Probleme zweier Akteure, in den Hintergrund treten lassen. Einer war zukünftig nicht mehr beteiligt und der andere erfuhr durch eine angepasste Strategie wieder die gewünschte Wertschätzung. Die emotionale Basis war wieder positiv aufgeladen worden.
Analyse und Hintergrund: Das besondere dieses Falles ist die aktive Reaktion bei vollkommener Unklarheit. Dies gelingt nur, weil die neue informelle Führungskraft sich zunächst einmal selbst ernst nimmt. D.h. auf ihren Bauch hört. Es gibt Statistiken – wie immer dies auch gemessen wird - die behaupten, dass die meisten Führungsentscheidungen aus dem Bauch heraus getroffen werden – dies kann eine Führungskraft üben. Das bedeutet, sie muss üben Befürchtungen und Hoffnungen zu zulassen und zu erleben – auch privat - dass das Vertrauen und Engagement der Mitarbeiter wächst und auch dass Fehler möglich und überlebbar sind.

Wenn der Bauch ein sich entwickelndes Ungleichgewicht im Team spürt, ohne dass der Kopf dies tatsächlich begründen kann, weil etwa die nötige Fachkompetenz und Erfahrung nicht vorhanden ist, so sind die Gefühle die Entscheidungsgrundlage, der Bauch – die Basis der FührungsIntelligenz - regiert.

Ein ähnlich wichtiges Instrument ist die Kooperation mit anderen Teams, d.h. deren Führungskräften. Dies ist eine ausdrückliche und wichtige Führungsaufgabe, ein bedeutendes Element der FührungsIntelligenz. Die sich aus solchen Kooperationen ergebenden best-practice Ansätze, sind in einem überschaubaren Team im Vergleich zum Optimum immer nur eine kleiner-gleich Lösung. Aber dieses Ergebnis kann schon ein wesentliches Resultat für das Unternehmen sein, denn obwohl es vielleicht nur suboptimal ist - verbessert es im Allgemeinen die bestehende Position.

Der Austausch mit anderen Know-how-Trägern ist wichtig und durch nichts zu ersetzen. Er füttert den Kopf mit Wissen, das dem Bauch die Sicherheit für die Entscheidungen geben kann. Dieses voneinander lernen sollte innerhalb jedes Teams angestrebt werden, auch wenn die Differenziertheit des Einzelnen im Mittelpunkt stehen bleibt und auch sollte.

Wenn etwa im Team eine bestimmte Verhaltensweise vermisst wird, fehlt beispielsweise, um im Modell von Riemann-Thomann zu sprechen, die konfliktfähige Distanzkomponente oder die konfliktschlichtende Nähe-Position, so sollte die Führungskraft einen weiteren passenden Mitarbeiter ins Team nehmen. Wenn dies nicht möglich ist, sollte er die Rolle selbst übernehmen oder, was sicherlich der bevorzugte Weg sein wird, die Aufgabe an einen kompetenten Mitarbeiter delegieren, der diese Rolle dann mit geeigneten Instrumenten und Kompetenzen bewusst als Arbeitsauftrag übernehmen muss.

Ohne kritischen Geist kann die Qualität nur zufällig besser werden und ohne gemeinsame Kommunikationsebene gibt es keine gemeinschaftlich getragene Entscheidung. Ein bedeutendes Beispiel für die Wichtigkeit der Rolle des Advocatos Diaboli – des kritischen Geistes – ist die Schweinebucht – Affäre, die ein erstklassiges, politisch angesehenes Beraterteam unter J.F. Kennedy verursacht hat, nur weil niemand mehr eine andere Meinung haben konnte.

Ein Spezialisten-Team, das geprägt ist von gegenseitigem Respekt und Anerkennung, das eine partnerschaftliche Kommunikation lebt, geht mit anderen Meinungen zwar offen um, überzeugt die Minderheitenmeinung aber oft auch recht einfach, gerade weil es so ein tolles Teamgefühl gibt.

Im Führungsalltag, in dem selten externe Berater auf Abruf bereit und auch nicht immer Kollegen zur Verfügung stehen, hilft auch der Einsatz von Gedankenexperimenten, um Abläufe zu verstehen. Auch ohne Labor können in solchen Experimenten: „Was kann eigentlich passieren, wenn ich eine bestimmte Entscheidung treffe?" - die Realität simuliert und Ergebnisse überprüft werden.

Zu solcher Prozessarbeit gehört für die Führungskraft auch die Nacharbeit, d.h. in militärischer Sprache, die Manöverkritik. Wenn eine Führungskraft dies tut, lernt sie aus den erzielten Ergebnissen und variiert – wenn nötig – die genutzten Parameter oder gar die grundsätzliche Strategie.

In der Prozessarbeit hat es sich als besonders sinnvoll erwiesen, das gesamte beteiligte Team mit einzubeziehen, denn nur dies vermindert „Blinde Flecken". Dem alten Fußball-Bundestrainer Sepp Herberger wird folgender Satz nachgesagt: „Nach dem Spiel ist vor dem Spiel". Diese Denkweise und die operationale Umsetzung brachte seiner Mannschaft immerhin die Weltmeisterschaft 1954 ein, gegen einen Gegner, der in dieser Zeit als unschlagbar galt.

Die Beteiligung der Mitarbeiter im Rahmen der Nacharbeit ist besonders hervorzuheben, denn auch sie lernen aus Fehlern, wenn sie beteiligt werden. In der Kommunikation zum vergangenen Projekt mit den beteiligten Mitarbeitern ist Offenheit und eine transparente Analyse der entscheidenden Vorgänge wesentlich und daher ist im Rahmen des betriebswirtschaftlichen Hierarchiedenkens hier die Fehlertoleranz der Führungskraft das entscheidende Stichwort. Nur wer Fehler eingestehen kann und sie offen äußert, kann zur Verbesserung und Vermeidung der gleichen, fehlerhaften Handlungen beitragen.

Die Bedeutung der Fehlertoleranz ist insbesondere im Rahmen einer Veränderung wesentlich. Das Ausprobieren einer neuen oder veränderten Handlungsweise, das Feintuning derselben und schließlich das Einüben bis zur

Routine, erfordert geradezu das Fehlermachen. Die Erfahrungen, die der Mitarbeiter hiervon berichtet, sind das Potential aus dem alle Teammitglieder lernen können.

Zu beachten ist dabei, dass entscheidend ist, was die Mitarbeiter verstehen, d.h. das etwas ankommt, und nicht das, was der Einzelne sagt. Das Gravierende einer falschen oder falsch verstandenen Information ist, dass sie in die Entscheidung mit einbezogen wird, so als sei sie sicher und richtig. Hier rückt das aktive Zuhören in den Mittelpunkt. Auch hier wirkt die Führungskraft als Vorbild. Stellt das Team keine absichernden Fragen, ist die Führungskraft gefordert. Besonders in Situationen mit großer Gruppengröße trauen sich viele Mitarbeiter nicht noch einmal nachzufragen, aus Angst „der einzige Depp" zu sein, weil „die anderen haben es bestimmt verstanden".

Besteht die Möglichkeit der rückkoppelnden Nachfrage, das Absichern, nicht, ist es für eine intelligente Führungskraft sinnvoller bei nicht größter Sicherheit, von der Unsicherheit einer wichtigen Information auszugehen, als den einfachen, bequemen Weg zu wählen und eine Meinung als Faktum zu nehmen. Es ist ein erheblicher Unterschied, ob eine Führungskraft gefühlt eine Bauchentscheidung trifft, oder von einer sicheren Faktenlage ausgeht, die keine sinnvollen Alternativstrategien und eventuell schnellen Reaktionen erfordert.

Jeder an wirtschaftlichen Prozessen Beteiligte weiß, dass ähnlich wie in der Psychologie, ein Faktum in einem qualitativen Prozess erst durch die Behauptung durch einen „Experten" mit genügender Akzeptanz geschaffen wird.

Ein ganz typisches Beispiel, das von der Politik wegen der hohen Emotionalität gern genutzt wird, ist das Thema „Staatsverschuldung". Welcher Wähler hört schon gern, dass die Kinder die Schulden der Eltern bezahlen müssen! – Auch wenn dies seit dem römischen Reich schon als Argument genutzt wurde und so tatsächlich noch umgesetzt wurde. Es gibt tatsächlich beispielsweise kein objektives Kriterium für das Thema „Grenzen der Staatsverschuldung" – wie etwa ab 37 Grad Körpertemperatur haben sie Fieber.

Japan hat Aktuell (2011) etwa 220 % Staatsverschuldung zum BIP und wird erstklassig eingestuft, während Spanien mit einer deutlich geringeren Staatsverschuldung - auch als Deutschland - plötzlich vor dem Abgrund zu stehen scheint. Tatsächlich ist es so, dass Spanien nach Verkündung der Krise innerhalb einer kurzen Frist durch gewichtige Marktteilnehmer, nämlich die fünf größten amerikanischen Investmentbanken finanziell nun in der Krise steckt, denn nun wird für Spanien die Refinanzierung der Verschuldung teurer. Wohlgemerkt aber erst seit Verkündung, nicht vorher. Hoffen wir also, dass keine „Verkündung" über Deutschland getroffen wird.

Zur näheren Erläuterung: Es gibt in der Volkswirtschaft und der Psychologie nicht immer die Möglichkeit eine Abschätzung wie in der Physik vorzunehmen, aus der nach folgender Logik eine Entscheidung abgeleitet werden kann: A > B und B > C, dann folgt zwingend A > C.

Gerade strategische Konferenzen auf der Top-Entscheider-Ebene zeigen häufig unklare Situationen. Gibt es für drei – oder mehr - Entscheider drei mögliche Entscheidungen für die gilt, das A von zwei Entscheidern – oder der Mehrheit - besser eingeschätzt wird als B und zwei Entscheider – oder die Mehrheit - B besser einschätzen als C, so kann es in einem qualitativen Prozess sein, dass die Alternative C von zwei Entscheidern oder der Mehrheit - der Alternative A vorgezogen werden.

Welche Entscheidung messbar die bessere war, kann im nach hinein, wenn wirtschaftliche Ergebnisse im Vordergrund stehen, sicherlich herausgefunden werden, mit der Einschränkung, dass etwas kurzfristig exzellent sein und langfristig in den Ruin führen kann.

Ist zu einem für das Unternehmen wichtigen Thema beispielsweise keine ausreichende Information vorhanden und wird eine andere Möglichkeit als unsicher mit betrachtet, kann damit möglicherweise ein Fehler vermieden werden. In der vorzunehmenden Planung ist deshalb zunächst einmal Faktum von Meinung zu trennen, denn ansonsten nimmt die Fehlerbasis zu – und nicht wie vermutet ab. Dies hat, aufgrund der hohen Vernetzung in wirtschaftlichen Einheiten auch direkte Auswirkungen auf die Rate der möglichen Folgefehler.

Diese Form der Abschätzung – eine Form der Szenarienanalyse - hat die Führungskraft vorzunehmen. Sie zieht daraus ihre Schlüsse, kalkuliert für sich einen Plan B und lässt auf Basis der eigenen Entscheidung, die nicht delegiert werden kann, ihre Mitarbeiter weiter arbeiten und damit auch mögliche, letztendlich durch ihre Entscheidung verursachte, Fehler machen.

Das was in der Literatur als Fehlerkultur bezeichnet wird, sollte dann gelebt werden. D.h. nicht einfach vergessen und Plan B greift, sondern es wird die zentrale Frage gestellt, was können wir daraus lernen, eine Diskussion wird angestoßen und gefordert und niemand wird ad hoc bestraft!

1.3. Die Führung als militärische Ordnung

Situation: Das neue, fusionierte Unternehmen rückte in seiner Branche in Deutschland in die Top 10 auf. Gleichzeitig gehörte der Hauptaktionär zur Top 10 weltweit. Die mehr oder weniger freiwillige Fusion erfolgte aus drei alten Unternehmen der gleichen Branche, man kannte sich, war teilweise Konkurrent, teilweise Partner. Die Vorstandsfrage war nach einem Kampf mit harten Bandagen geklärt worden, aus jedem Unternehmen würde einer der alten Vorstände in den neuen Vorstand gehen, zwei ehemalige Vorstände wurden degradiert, blieben aber Stellvertreter, zwei verließen das nun noch bedeutendere Unternehmen.

Nun kam die nächste Ebene dran, die Operative. Zur Umsetzung wurden Berater ins Haus geholt, die das neue Team formen sollten. Da es dieser betriebswirtschaftlich recht gut ausgebildeten Ebene klar war, dass nur dann Kosten gespart werden könnten, wenn Leute gingen oder ähnlich wie auf der Vorstandsebene Degradierungen erfolgen würden, wurde der öffentlichen Zusage des neuen Vorstandes, dass niemand entlassen oder herabgesetzt werden würde, in großen Teilen nicht geglaubt, zumal der neue Vorstandsvorsitzende intern bereits die Sympathien für seine alten „Offiziere" klar geäußert hatte.

Für den externen Betrachter war in dieser Situation die Entwicklung der Sprache von besonderem Interesse. Die Vorstände wechselten nämlich ins „militärische", denn für sie stellte sich die Situation offensichtlich als Krieg dar. Die Vorstände benannten und schickten ihre wichtigsten „Offiziere" zu den Vorgesprächen mit den Beratern, um Pfähle einzuschlagen und die „Truppen" zu positionieren. Die „Offiziere" waren mit entsprechenden Informationen geimpft worden, ein autoritäres „militärisches" Auftreten wurde empfohlen, der Krieg konnte beginnen.

Analyse und Hintergrund: Die Rolle der Führungskraft in einem Managementprozess mit einer militärischen Aufgabe und Ordnung zu vergleichen, legt scheinbar bereits die Historie nahe. Aber auch der Sprachgebrauch, der heute vielfach in Unternehmen zu finden ist, wo Vertriebsteams als „Truppen" bezeichnet werden, Kampagnen als „Vertriebsschlachten", wo formuliert wird, dass die Mitarbeiter "gut aufgestellt" sind, führt zu dieser Sichtweise.

Insbesondere die von vielen Filmen und Bildern gefütterte Vorstellung des widerspruchslosen heroischen Gehorsams und der diskussionsfreien Entscheidungsdurchsetzung ist für schwache Führungskräfte, insbesondere der oberen Ebene, verführerisch. Es ist die Vorstellung eines maschinenhaften

Funktionierens ohne großen Aufwand und Widerstand, ein wesentlicher Aspekt, der in diesem Bild in die Irre führt.

Das Bild, der auf „Befehlstaktik" beruhenden militärischen Strategie hält sich im Kopf vieler Beteiligter. Der in vielen Filmen verherrlichte, heroische Kadavergehorsam, der Befehle buchstabengetreu ausführt, ist manifestiert. Es ist eben die einfache Variante. Dass die erfolgreichen Militärs der Welt seit einem Jahrhundert längst auf die „Auftragstaktik" umgeschaltet haben, in der nicht mehr wörtlich die Prozessabläufe auszuführen sind, sondern von jedem Verantwortlichen in eigener Verantwortung ein Auftrag ausgeführt werden muss, ist kaum bekannt.

Dass aufgrund des Sprachgebrauchs ihrer Vorgesetzten auch die Mitarbeiter in diesen Jargon verfallen und an die Befehlstaktik glauben, ist wenig überraschend. Und wenig überraschend ist auch, dass die Sprache die Handlungen prägt. Auch auf der operativen Ebene beginnt man „Allianzen zu schließen", die persönlichen Nutzen versprechen. Plötzlich sind nicht mehr die Sympathieträger gesuchte Gesprächspartner, sondern die „harten Hunde".

Zu welchen, destruktiven, dem ganzen System schädigenden Handlungen eine solche Grundeinstellung führt, ist leicht vorstellbar. „Kriegshandlungen" sind selten von Vernunft und Zugewandtheit geprägt. Es dominieren eher Machtorientierung um jeden Preis und Rachsucht.

Damit das Handeln verändert werden kann, ist es deshalb zwingend die Form der Kommunikation zu verändern. Der erste Schritt zur Bewältigung dieser „Findungsphase im Kriegsfall" ist das Einführen einer gewaltfreien Kommunikation. Erst das Erlernen eines gewaltfreien Feedback-Instruments ermöglicht es letztendlich sinnvolles Arbeiten im Sinne des Unternehmens, selbst unter diesen Rahmenbedingungen zu ermöglichen.

Aus einer Sprache, die ausschließlich systemkonformes Handeln beschreibt und fordert, die Menschen zu MAKs und VBEs macht, wird der Weg zu einer persönlichen, menschenorientierten Sprache gewählt. Erst eine solche Ausdrucksweise macht deutlich, dass der Mensch geschätzt wird, dass Konflikte und Erfordernisse auf fachlicher Ebene nicht die Person sondern nur die Rolle und den Prozess betreffen.

Ein Aspekt, den jede Führungskraft vom militärischen System lernen sollte und der in der filmgeprägten Vorstellung oft grundsätzlich fehlt, ist der Aspekt der Vorbereitung und Flexibilität. Kein General ist sinnvoll in der Lage handlungswirksam in eine Schlacht einzugreifen und wesentliche Veränderungen im Verhalten der geführten Offiziere und Soldaten zu erreichen, wenn das Zusammenspiel von Marine, Infanterie, Artillerie, Panzern und Luftwaffe erst im Ernstfall geprobt wird. Es ist zu spät, wenn in der unmittelbaren Umsetzungsphase – der Schlacht - eine Situation plötzlich auftaucht, die eine enge Kontrolle erfordern würde. Wenn vorher nicht genügend vorbereitet wurde, ist es dann zu spät um Vertrauen in die Offiziere der unteren Ränge zu entwickeln. Wenn dies passiert, ist die Schlacht bereits verloren.

Ähnlich ergeht es einer Führungskraft, die die passende Servicemannschaft erst zusammenstellen und einweisen muss, wenn ein Maschinenschaden in der Produktion vorliegt.

Die Möglichkeiten die unterschiedlichen Schlachtordnungen zu kennen und den sinnvollen Einsatz der richtigen Instrumente auf den unterschiedlichen Kriegsschauplätzen, unterscheidet sich wenig von den modernen Multikanalansätzen effektiver Vertriebsmannschaften.

Je größer das Vertrauen in den Führungsprozess sein kann und je besser die Qualität der Mitarbeiter, ihre Kompetenzen und passenden Stärken, die Relevanz des Marktes und die Auswirkung der Konkurrenzsituation bereits im Vorfeld trainiert ist, desto erfolgreicher und vor allem schneller wird ein positives Ergebnis erreicht werden können. D.h. beispielsweise je intensiver mit den Kollegen in einem Team-Coaching kritische Situationen bereits durchdiskutiert und ausprobiert wurden, desto größer ist die Wahrscheinlichkeit schnell und flexibel auf vertriebliche Herausforderungen zu reagieren und kritische Phasen zu bewältigen. In dieser Phase die Vorbereitung als den Zwillingsbruder des Erfolgs zu bezeichnen, ist ein naheliegender Gedanke.

Situation: Der alleinige Geschäftsführer und Mehrheitsgesellschafter eines schnell wachsenden, erfolgreichen Dienstleistungsunternehmens beschloss die bisherige Unternehmensstrategie zu überdenken. Er stellte ein aktives Team zusammen, das an einer Überarbeitung der Marketingstrategie arbeiten sollte.

Die Position des Geschäftsführers war allen beteiligten Mitarbeitern klar, er war charismatischer Visionär und Alleinherrscher des Unternehmens, er hatte das junge Unternehmen zu dem gemacht, was es damals war. Das Team von jungen Enthusiasten und erfahrenen Vertrieblern erarbeitete eine Reihe von umsetzungsfähigen Maßnahmen, die das erfolgreiche Unternehmen in die neue Wachstumsphase führen sollte.

Die Vorstellung der Pläne wurde vom manchmal cholerischen Geschäftsführer und den anderen Mitarbeitern sehr positiv aufgenommen, die präsentierte Vorlage war schlüssig, der aktuellen Situation angepasst und erfolgversprechend. – „Aber" – und diese Frage stellte bereits Machiavelli in seinem wohl bekanntesten Werk „Der Fürst" - warum sollte jemand, der jahrelang erfolgreich gearbeitet hat, seine Strategie ändern?

Das durchaus ernstgemeinte Lob des geschäftsführenden Gesellschafters schloss deshalb mit den Worten: "Aber ihr müsst auch noch viel vom Markt lernen!" – die letztendlich die ganze Arbeit eines hochmotivierten Teams in die Tonne stürzte!

Die folgende Wachstumskrise die durch die Vision eines kontinuierlichen Wachstums von 30 % auch in den nächsten Jahren verursacht wurde zeitigte einige gravierende Blüten. Die Fixkosten stiegen massiv an, das Büro war deutlich zu groß, die Mitarbeiterzahl wies einen erheblichen Anstieg auf – die auch die zukünftigen Spitzen ausgleichen könnten - einige neue Ressorts mit motivierten Verantwortlichen wurden implementiert, allerdings ohne ausreichende Handlungskompetenz und Budgetverantwortung. Dies alles stürzte das Unternehmen in eine tiefe Depression. Diese von der Geschäftsführung als Delle bezeichnete Situation, wurde zwar mit erheblichem Aufwand aufgefangen, aber sie führte dazu, dass einige Leistungsträger das nun gefährdete Unternehmen verließen und besonders einige junge Kollegen mit ihrer Loyalität kämpften.

Die hochpotenten Letztgenannten waren die eigentlichen Opfer der gescheiterten Planung. Ihre Motivation – denn sie stellten letztendlich das zukünftige Unternehmen dar - eingebettet in eine abgestimmte, selbsterarbeitete Strategie, wäre das erfolgreiche Unternehmen der Zukunft gewesen. So blieb es nur ein noch einmal gerettetes Unternehmen am Tropf des Zufalls, der Markt heißt.

Analyse und Hintergrund: Zurück in der BWL zeigt das Gutenbergsche Modell der 4-P des Marketing die Verbindung zum Militär deutlich: Price, Place, Product, Promotion. Diese vier grundlegenden Stellgrößen aus dem Marketingmodell von Gutenberg beschreiben aktive Gestaltungsmöglichkeiten einer Führungskraft, deren wesentliche Entscheidungen – und dies ist besonders vor der militärischen Praxis in der Auftragstaktik hervorzuheben - in der Vorbereitungsphase liegen.

Sind die Stellgrößen eingestellt, sind am Markt nur noch Feinjustierungen oder, da alle 4 Komponenten zusammenspielen, ein kompletter Neuansatz sinnvoll. Wenn beispielsweise der Place – der Standort oder der Vertriebsweg – oder militärisch formuliert: das Schlachtfeld bestimmt wird, von wem auch immer, ergibt sich daraus in der Regel die Produktgestaltung, die vermutlich beste Preisgestaltung und die dazugehörigen Werbemaßnahmen.

Ist die Schlacht geschlagen – eine Kampagne abgearbeitet – muss eine neue Situation unverzüglich erfasst und das Instrumentarium angepasst werden. Das was Militärs nach einem Manöver tun, ist das Lernen und der Aufbau eines Erfahrungsschatzes aus den Abläufen, die beobachtet werden konnten während die Prozesse oder das Manöver abliefen.

Einleiten muss dies die aktive Führungskraft. Dieser aktiv zu lebende ständige Veränderungsprozess erfolgt deshalb immer wieder aus dem Zentrum des Teams heraus, dem die jeweilige Führungskraft zugeordnet ist. Je besser man sich aufeinander verlassen kann, desto weniger muss geregelt und kontrolliert werden. Nur so entsteht aus dieser vertrauensvollen Beziehung zwischen den beteiligten Menschen Zeit für Kreativität und notwendige Innovation.

1.4. Die Managementausstattung

Situation: In einem mittelständischen Unternehmen, das mit kleinen stationären Vertriebseinheiten arbeitete, war eine durchaus erfahrene Führungskraft für fünf Bereiche verantwortlich. Kein Standort ragte gegenüber den anderen heraus. Der Wettbewerbsdruck war überall eher gering und der Marktanteil in der ländlich geprägten Region machte das Unternehmen zum Marktführer. Die Zielerreichung und Leistung der in einer überschaubaren Fläche gestreuten Standorte war allerdings sehr unterschiedlich.

Zu Beginn des neuen Jahres passierte zunächst wenig, dann wurde aber deutlich, ein bis zwei Bereiche wurden kontinuierlich besser, zwei stagnierten auf durchschnittlichem Niveau und ein Bereich wurde zunehmend schlechter. Da die Geschäftsführung von ihren Vertriebsleitern Aktivität erwartete, formulierte die verantwortliche Führungskraft, deren Persönlichkeit und Führungsstil sich schon immer eher als konsequent und diszipliniert denn als individuell und situativ beschreiben liess, dass sie diese abgeschlagene Einheit nun enger führen würde. Die Ergebnisse dieses Teams wurden aber eher schlechter.

Die Führungskraft empfahl daraufhin die offensichtlich unfähigen Leute rauszuwerfen, denn an ihr konnte es nicht liegen, das zeigten ja die anderen Bereiche. Sie beschrieb weiter, dass sie auch keine positiven Teamimpulse setzen könne, denn die Mitarbeiter seien untereinander zerstritten und sprächen weder aus eigenem Antrieb mit ihr, noch untereinander.

Eine genaue Analyse von außen, in der es auch zu tränenreichen Gesprächen kam, zeigte in diesem abgestürzten Team folgendes Ergebnis. Was dabei auffiel war, dass die Einzelgespräche mit den Mitarbeitern durch wenig Blickkontakt gekennzeichnet waren. Die Menschen schauten vor sich auf den Boden und traten selbst gegenüber neutralen Personen mit einer Körpersprache auf, die eine Bestrafung erwartete. Wie sollte ein solcher Mitarbeiter verkaufen?

Es zeigte sich, dass die möglichen Führungsinstrumente falsch eingesetzt wurden und die Motivationsversuche der Führungskraft nur noch durch Strafe und phantasievolle Verletzungen gekennzeichnet waren. Eine ihrer Kreationen war beispielsweise die, dass der schlechteste Mitarbeiter einer Vertriebskampagne einen „fröhlichen" Schnarch Sack – einen kleinen Beutel aus braunem Sackleinen, auf dem in deutlichen schwarzen Lettern das Wort „Schnarch Sack" zu lesen war - auf dem Schreibtisch platziert bekam. Die Stimmung der Kollegen war entsprechend deprimiert, kleinere Anlässe führten zum hässlichen Streit. Niemand aus diesem Team wollte eigentlich noch an seinen verhassten Arbeitsplatz kommen.

Der einzige Weg, nachdem dieses geschlagene Team gezeigt hatte, dass noch Leben in ihm steckte, war in diesem Fall der Austausch der Führungskraft. Ein einfacher Team-Coaching-Prozess, in dem das Vertriebsteam – ohne die alte, demotivierende Führungskraft – selbständig erfolgreiche Lösungswege erarbeitet hatte, erweckte die Mitarbeiter zum Leben.

Das überraschende und damit entscheidende Erlebnis, dass es noch jemanden gab, der ihnen zuhörte, der Vertrauen in ihr Können und ihre Kundenkenntnisse bewies, drehte die verkorkste Stimmung gänzlich. Nach der Trennung von dem wenig geliebten Vorgesetzten und Stärkung der Eigeninitiative des Teams wurde die neue wertschätzende Führungskraft durch erstaunliche Vertriebsergebnisse belohnt. Die befreiten Mitarbeiter feierten mit ausgezeichnetem Engagement und einer gehörigen Portion Trotz ihre neuen Vertriebsfreiheiten.

Analyse und Hintergrund: In einer solchen Situation wird deutlich, wie wenig wichtig die Arbeit mit Zahlen sein kann. Selbst klar formulierte Erklärungsmodelle auf deren Basis kontinuierliche Verbesserungsprozesse installiert werden können, hätten in dieser Situation wenig geholfen. Keine noch so ausführliche und detaillierte Kennzahlenanalyse hätte zum Kern des Problems geführt. Nichts außer dem ausführlichen Gespräch und jede Menge Mut der Mitarbeiter führen hier zur Lösung.

„Die wichtigsten Körperteile des Managers sind Herz, Bauch, Seele und Nase. Sie braucht er, um mit dem Herzen zu führen, dem Gefühl im Bauch zu vertrauen (auf die innere Stimme zu hören), die Organisation zu beseelen, zu riechen, dass etwas stinkt." Dieser Kernsatz aus dem Buch „Der Termin" von DeMarco macht deutlich, was schon Erich Gutenberg meint, wenn er davon spricht, dass einige Aspekte der Unternehmensführung in der Betriebswirtschaftslehre nicht lehr- und damit lernbar sind. Der Satz macht deutlich, was in obiger Situation vollständig schief gegangen ist. Betrachten wir die Elemente des Satzes im Einzelnen.

„Das Herz" eines Starken und Mutigen erzeugt Respekt und gibt Wärme. Ein chinesischer General aus dem 5. Jahrhundert vor Christus hat darauf bereits seine Strategie für die Führung einer ganzen Armee begründet (Sunzi: Die Kunst des Krieges). Er berichtet bereits vor 2.500 Jahren, wie die Mutter eines Soldaten zu weinen beginnt als sie hört, dass der General sich persönlich um eine kleinere Verletzung ihres Sohnes gekümmert hat. Sie hat allen Grund dazu, ihr Mann ist in einer Schlacht für diesen General bereits „begeistert" in den Tod gegangen, er verehrte ihn.

Situation: Bei einem Luxusgüterproduzenten in Deutschland kehrte die sehr engagierte Assistentin des Marketingleiters aus dem Urlaub zurück. Beim morgendlichen Eintreffen der Führungskraft im Büro war seine Assistentin bereits an ihrem Schreibtisch. Gewohnheitsgemäß ging der erste Weg der Führungskraft zum Schreibtisch seiner vertrauten Assistentin, die er mit einer befreundeten Kollegin im Gespräch, in Tränen aufgelöst vorfand. Aus ersten Sätzen erfuhr er, dass es am Vorabend einen Unfall gegeben hatte und der Ehemann z.Zt. auf der Intensivstation der örtlichen Klinik mit dem Tode kämpfte.

Die sichtlich erschütterte Führungskraft bat daraufhin seine verweinte Assistentin zu sich und ließ sich die Situation unter vier Augen schildern. Er beschloss seine Assistentin auf einen Dienstgang ins Krankenhaus zu schicken, da es aus seiner Sicht klar war, dass sie nicht konzentriert arbeiten konnte und mit den Gedanken verständlicherweise nur bei ihrem Mann weilte. Da sie aber unbedingt arbeiten wollte und keinen Urlaub mehr hatte, verabredete man sich für den nächsten Morgen für ein weiteres Gespräch.

Am nächsten Morgen hatte sich die traurige Situation aber nicht verändert, die Lage war weiter ernst. Die Führungskraft entschied sich zu folgendem Schritt: Die Assistentin sollte entscheiden, ob sie vormittags oder nachmittags im Büro arbeiten wollte, die jeweils andere Hälfte des Tages würde sie weiterhin auf einem angeordneten Dienstgang im Krankenhaus verbringen. Die sichtlich erleichterte Mitarbeiterin war einverstanden.

Da die Buschtrommel auch in diesem Unternehmen nicht zu schlagen war - obwohl die Führungskraft selbstverständlich um Diskretion gebeten hatte - stand am nächsten Morgen der akkurate Personalchef vor der mitfühlenden Führungskraft und fragte nach der offensichtlichen Abwesenheit der betroffenen Kollegin. Die wenig überraschte Führungskraft teilte ihm mit, dass die Mitarbeiterin auf einem Dienstgang im Krankenhaus sei.

Der Personalchef war regelrecht entsetzt, sprach von einer Unmöglichkeit und wenn das jeder machen würde, dass es ein Präzedenzfall sei, den er nicht akzeptieren könne, drohte schließlich der Führungskraft mit der direkten Belastung des Gehalts der Mitarbeiterin für die Fehltage und mit sofortiger Eskalation an den Vorstand.

Die Führungskraft stand trotzdem zu ihrer im Rahmen ihrer Kompetenz liegenden Entscheidung, dass seine Assistentin für ihn im Krankenhaus einen dienstlichen Auftrag erfülle, er damit in keiner Weise seine Personalkompetenz überschritten habe und von der beauftragten Analyse der Kundenzielgruppe der Krankenhaus-Mitarbeiter sicher sehr interessante Ergebnisse zu erwarten wären. Der sichtlich überraschte Personalchef reagierte darauf weiterhin entrüstet und ging.

Im Ergebnis wurde der verunglückte Ehemann nach einer Woche aus der Intensivstation verlegt, der normale Arbeitsalltag trat in der Abteilung wieder ein und nach einigen Wochen war die alltägliche Routine wieder eingekehrt, der Ehemann hatte das Krankenhaus wieder verlassen.

Vom entrüsteten Personalchef war nichts mehr zu hören, der Vorstand hatte nichts auszusetzen, die inzwischen wieder glückliche Mitarbeiterin hatte in den halben Tagen der Krisenzeit fast ihre komplette Tagesarbeitsleistung erbracht, die Führungskraft-Mitarbeiter-Beziehung ging gestärkt aus der Krise hervor. Das Engagement seiner Mitarbeiterin blieb auf sehr hohem Niveau, die emotionale Basis zwischen Führungskraft und Mitarbeiterin war als Fundament der menschlichen Beziehung nicht mehr zerstörbar.

Analyse und Hintergrund: „Der Bauch" ist das Sinnbild des Erfahrungsspeichers der Gefühle, er ist das Fundament der FührungsIntelligenz. Die innere Stimme ist das, worauf die erfolgreichen Entscheider im Wesentlichen achten. Hätte der damalige Entwicklungschef von Porsche und heutige Aufsichtsratsvorsitzende und Aktionär von VW, Herr Pieech auf die BWL gehört, wäre der erste Sieg von Porsche bei den 24 Stunden von LeMans nicht passiert. Ohne den Bruch mit der damals bewährten Unternehmenspolitik der Risikovermeidung, das Unternehmen Porsche heute nicht da, wo es steht.

Mit seiner hochriskanten Entscheidung, ein Entwicklungsprojekt nur für dieses Rennen - selbst bei erheblich steigenden Kosten und massiven internen Schwierigkeiten - durchzudrücken, hat die Führungskraft für ihr Unternehmen eine Aufmerksamkeit erzielt, die im gehobenen Kundesegment zu fast frei-wählbaren Margen des Produkts „Auto von Porsche" geführt hat: „Jeder" will jetzt einen Porsche haben!

Die unten stehende Darstellung des „Inneren Teams" von Schulz von Thun bebildert den beschriebenen Zusammenhang und den immer währenden Kampf sehr schön.

Gerade der Bauch macht die Individualität des Führungsprozesses sehr deutlich und in ihm liegt gerade heute ein großes Problem. Der Erfahrungsspeicher Bauch ist der Teil des Wissens, der durch den Braindrain verloren geht, wenn erfahrene Führungskräfte ein Unternehmen verlassen oder wegrationalisiert werden. Wenn der Chor der inneren Stimmen schweigt, herrscht häufig und naheliegend nur mehr die BWL mit all ihren Kennzahlen und rationalen Lösungsvorschlägen, denn irgendwoher muss die Sicherheit der Entscheidung kommen.

Die Erkenntnisse der Betriebswirtschaftslehre werden nicht mehr Lieferant von Instrumenten für die Unternehmensführung, sondern die Instrumente werden zum Selbstzweck. Die Wissenskomponente der Erfahrung wird insbesondere im Bereich der Mitarbeiterführung negiert und durch logische Abläufe ersetzt. Die Potenziale aus der Erfahrung der Führungskraft werden vergeudet, obwohl sie zu speichern, eine der aktuell wichtigsten Fragen unserer immer älter werdenden Gesellschaft und gleichzeitig jünger werdenden, bestens betriebswirtschaftlich ausgebildeten, sozial unerfahrenen Führungskräfte wäre.

Abbildung 3 (eigene Darstellung in Anlehnung an F. Schulz von Thun et.al. (2009) S. 86)

Die Seele der Betriebsorganisation mit ihrem Geflecht an Kompetenzen und Kommunikationswegen ist das Wertesystem der obersten Führungsebene, ihr haben sich alle Abläufe unterzuordnen. Die Werte des Vorstands sind prägend für die Führungskultur und damit Führungsstrategie der Unternehmen.

Situation: Wenn Mitarbeiter berichteten, dass der Vorstand eines kleinen eher provinziellen mittelständischen Unternehmens einen von drei Aufzügen als den seinen definierte und mit entsprechenden Schlüsseln versah, um die in einen Hochsicherheitstrakt verwandelte Vorstandsetage zu erreichen, in der der normale Mitarbeiter nur mehr nach vorheriger Terminabsprache mit der Sekretärin gelangen konnte, war dies schon ein sehr stark wirkendes und prägendes Bild. Wenn in der hauseigenen Tiefgarage eine Waschanlage für die drei Vorstandswagen installiert wurde und dabei gleichzeitig harte und von Gerechtigkeit geprägte Führungsgrundsätze und striktes Kostenbewusstsein befohlen und mit Vehemenz verkündet wurde, war dies für die Seele des Unternehmens toxisch!

Analyse und Hintergrund: „Die Seele" meint in diesem Zusammenhang ein Prinzip, das allen Handlungen zugrunde liegt, sie ordnet und damit letztendlich herbeiführt.

Die Wichtigkeit dieses Aspekts ist bekannt. Deshalb gibt es in der Regel sehr häufig ein werteorientiertes Leitbild eines Unternehmens, das aber fast genauso oft vernachlässigt wird. Wohlgemerkt nicht die Formulierung des Leitbilds, sondern das Leben eines positiv besetzten, werteorientierten Leitbilds.

Worte auf Steintafeln sind tote Buchstaben, das Leben wird ihnen durch den Vorstand eingehaucht und über die Hierarchieebenen verstärkt und für alle fühlbar, nicht zwingend rechenbar, gemacht. Transparenz und das Ergebnis der Mitarbeiter an dieser Stelle gibt Sicherheit, fördert die Kreativität der Kollegen und erhöht nachvollziehbar die Loyalität zum Unternehmen.

„Die Nase, als Vertreter aller Sinnesorgane", komplettiert das Bild. Die Führungskraft ist nur dann in der Lage ein Team so friktionsarm wie möglich zu führen, wenn Konflikte so früh wie möglich erkannt werden. Aufgrund des systemimmanenten, gefilterten Kommunikationsflusses durch die Hierarchieebenen wird dieses von Führungskräften häufig zuerst „gerochen", bevor es laut wahrnehmbar wird.

Die Kommunikationsebene „Buschtrommel" ist nicht zu schlagen und jede Führungskraft, die von ihr abgeschnitten ist, verliert die tatsächliche Kontrolle über die Prozesse in der Schattenwirtschaft des Unternehmens. Friktionen, die auf dieser Plattform entstehen, lähmen Prozesse ohne dass eine rationale, kennzahlenbasierte Analyse die Ursache finden kann. John Meynard Keynes hat diese Unsicherheit als die vom 3. Grad formuliert, nicht messbar, nicht einmal relational funktionierend – sie gehorcht keiner Vernunft (Vgl. Einleitung).

Hierin liegt die Schwierigkeit besonders in einem durch dezentrale Struktur gekennzeichneten virtuellen Führungsprozess und führt dazu, das gerade internationale Konzerne sehr viel Aufwand in die direkte Kommunikation ihrer Mitarbeiter investieren und ganze Managerriegen um die Welt jetten.

Die Bedienung beider Kommunikationsebenen, sachlich und emotional, ist in einem wirtschaftlichen Prozess, bei dem Menschen beteiligt sind, unabdingbar. Der Steuerung eines Unternehmens nur mit Hilfe der Volition – dem Vernunftwillen - sind Grenzen gesetzt. Menschen nur als Maschinen der Ratio – der Logik - zu betrachten, muss auf Dauer zu suboptimalen Ergebnissen führen. Die Intuition und Empathie von Führungskräften sind entscheidende Führungsinstrumente und das Umsetzen des Erfahrungsschatzes einer Führungskraft ist hier das entscheidende Instrument für den wirtschaftlichen Erfolg eines Unternehmens.

Je vielfältiger die Aufgaben der Kommunikationsstellen – insbesondere bei eskalierender Führungsspanne - desto hilfreicher, meist sinnvoller wird eine klare Struktur, wie sie insbesondere im Bereich Menschenführung aus dem militärischen bekannt ist.

1.5. Das Glück und das Risiko im Rahmen der Handlungsplanung

Situation: In der Planwirtschaft der DDR hatte in einem perfekt organisierten Prozess die Administration einen detaillierten 5-Jahresplan zu erstellen. „Was brauche ich, um eine Menge X von einem bestimmten Gut zu produzieren an Kapital und Arbeit" - und das für jeden Sektor und fast jedes Gut. Ein geschlossenes System, das einem Schachspieler glich, der nicht nur das Ziel hatte, seinen Gegner Matt zu setzen, sondern auch die konkrete Matt-Stellung genau beschrieb. Eine Idee, die im Lernspiel gegen sich selbst, perfekt ausgedacht war.

Analyse und Hintergrund: Im wirtschaftlichen Prozess im Spiel mit anderen führt die detaillierte, pedantische Planung mit zunehmender Komplexität zur Beseitigung der Freiheitsgrade und damit in einem offenen System mit variierenden Mitspielern sowohl auf der Produktions- als auch der Nachfrageseite ins Chaos. Ob die Pflicht der deutschen Banken in der sozialen Marktwirtschaft zur Erstellung eines Fünf-Jahres-Plans sogar etwas mit der 2008 eskalierenden Finanzmarktkrise zu tun hat, kann hier nicht überprüft werden.

Zum Ende der Planung sind die Karten gemischt, sinnvoller Weise richtig gemischt. Aber was heißt „richtig" im Sinne des Spiels? Die Reihenfolge ist zufällig! Oder heißt es „richtig" im Sinne des Ergebnisses? Die Reihenfolge wirkt auf das Ergebnis positiv! Ersteres ist der Fall für das wirtschaftliche Spiel, denn dem Bild gemischter Karten, wohnt der Zufall inne.

Es ist Ausdruck davon, dass die Führungskraft, egal auf welcher Ebene, auch etwas Glück braucht, um die im Sinne des Unternehmens richtige Entscheidung zu treffen und nicht jede Nuance bestimmen kann. Führen heißt immer auch mit der Unsicherheit umgehen und sie mit ins Kalkül ziehen. Geht die Führungskraft davon aus, dass bestimmte Abläufe sicher stattfinden, wird sie von der Bandbreite der Ergebnisse überrascht werden. Das offene System „Mensch" lässt von der Grundausstattung her schon keine sichere Prognose zu.

Sind die Karten gemischt, ist die Situation für den Moment gegeben und das Spiel beginnt. Ist das Spiel durch einen direkten Partner gekennzeichnet, wie dies in der Führungskräfte-Mitarbeiter-Relation das Normale ist, so hat die Führungskraft nicht nur die rationale Ebene zu beachten.

Die Beziehung zwischen Führungskraft und Mitarbeiter muss von der Zukunft geprägt sein. Die Handlungen der Vergangenheit sind im wirtschaftlichen Prozess uninteressant, oder anders formuliert: Es zählen die zukünftigen Ergebnisse.

Da die wenigsten Führungskräfte ihre Teams ständig verändern können, ist es auch Ziel der Führungskraft zukünftig mit denselben Mitarbeitern zu besseren Ergebnissen zu kommen. D.h. zerstört die Führungskraft die emotionale Basis der Zusammenarbeit, schadet sie sich selbst. D.h. verliert ein Mitarbeiter sein Gesicht, fehlt der Führungskraft für die nächste Spielrunde ein Spieler – wenn es schlecht ausgeht, hat der konkurrierende Spielpartner sogar einen gewonnen.

Dieser bildhafte Ausdruck soll deutlich machen, egal wie eine Spielrunde ausgeht, der Mitarbeiter muss auch danach noch erhobenen Hauptes das Feld verlassen können, denn nur dies ist der Weg Menschen zu gewinnen. Alexander der Große hat mit einer kleinen, gut ausgebildeten Armee in einem kleinen Dorf einen Krieg mit dem Nachbarort begonnen und mit der kurze Zeit später größten Armee den Rest der bekannten Welt erobert. Dies gelang ihm nur, indem er nicht, wie alle seine Vorgänger, alle Männer umbrachte und die Frauen und Kinder versklavte, sondern indem er sie als Gegner würdigte und die Anführer als neue „Mitarbeiter" gewann und sie zu Entscheidern in seiner dann größeren Armee machte.

Im zentralen Focus der Vorbereitung der Planung steht immer die Analyse des Ursachen-Wirkungsverhältnisses. Wenn die Ursachen ihre Wirkung erzielt haben, die einen negativen oder positiven Ausklang haben, ist die Entscheidungstätigkeit nur noch eine Reaktion, die häufig ad hoc getroffen werden muss. Planvolles, zielgerichtetes Agieren erfordert frühzeitiges Handeln im Vorfeld. Die Risiken, die mit jeder Entscheidung verbunden sind, werden von der Führungskraft betrachtet, bewertet und wenn nötig bearbeitet, um ihren negativen Eintritt so gut wie auszuschließen.

Die Betonung liegt auf „so gut wie"! Sichere Entscheidungen von zwar überschaubarer Auswirkung aber dauerhafter Konsequenz sind aufgrund der Vielzahl der eine Unternehmenssituation beschreibenden Faktoren immer unsicher. D.h. es ist eine Grenze zu ziehen, die die sinnvolle, in einem Unternehmen wirtschaftlich noch akzeptable Planung beendet.

Die Ebene des sachorientierten Managens wird durch eine Break-even-Analyse bei verschiedenen Alternativen – die immer vorliegen, da ja auch die Nicht-Entscheidung, im allgemeinen eine Entscheidung für den Status Quo ist – immer betrachtet. Wirtschaftliche Aspekte sind im Alltag immer die Punkte, bezüglich derer eine Führungskraft gegenüber ihren Auftraggebern Rechenschaft abzulegen hat, und die deshalb auch zwingend sind. Sie bewirken das Ende der Planung, wenn die zu tragenden Plankosten höher sind als die Auswirkungen einer Fehlplanung.

Die Break-even-Analyse kann auch Killer erledigen. D.h. Entscheidungen, die als Alternative erscheinen, aber gar keine Alternative sind. Analysetools wie das „Adenauer-T", das Boston Consulting Portfolio oder die Eisenhower-Matrix ergänzen das Instrumentarium. An dieser Stelle sei auf ein kleines Bändchen hingewiesen, dass bezüglich solcher sinnvoll zu nutzender Instrumente eine wahre Fundgrube ist: Mikael Krogerus, Roman Tschäppeler: 50 Erfolgsmodelle – Kleines Handbuch für strategische Entscheidungen, 8. Auflage, Zürich 2009!

Als Frühwarnsystem hat sich eine Symptom-Analyse bewährt. Wenn der Führungskraft das vermutlich erste Symptom einer unerwünschten Entwicklung bekannt ist, ist die Wahrscheinlichkeit, negativ überrascht zu werden, eher gering. Sehr hilfreich ist an dieser Stelle ein „Schwarzer Hut" – um in der Nomenklatur von DeBonos sechs Hüten zu sprechen. Der Schwarze Hut stellt einen Advocatos Diaboli, einen kritischen Geist, dar, d.h. ein Team-Mitglied, das vordergründig nicht im Sinne der Durchsetzung des Projektes denkt, sondern eher der Bedenkenträger ist. Erfahrungsgemäß ist die Empathie überzeugter Projektmitglieder gegenüber Projektskeptikern insbesondere in harmonischen Teams eher gering ausgebildet, deshalb ist die Einführung dieser Institution mehr als hilfreich.

Scheinbar ähnlich ungewöhnlich ist die Einführung von informellen Netzen und Wegen, über die offene Information laufen kann. Frei von Hierarchie einzig den Inhalten der Aufgaben verantwortlich kann hier jede Information in jede Richtung fließen. Diese Form der hierarchiefreien Informationswege kanalisiert auf der einen Seite Gerüchte, dient aber vor allem dem Frühwarnsystem der ersten Symptome.

Werden Treffen von Mitarbeitern ohne die verantwortliche Führungskraft, als subversive Meetings oder ähnliches aufgefasst, ist dies eher das Kennzeichen einer schwachen, kontrollträchtigen Führungspersönlichkeit, als sabotageträchtiger Mitarbeiter.

Gerade der Austausch auf der eher informellen Ebene fördert Informationen zu Tage, die Friktionsgefahren offen legen können. Die oft emotionsbedingten Kommunikationsschranken in einem von Menschen getragenen wirtschaftlichen Prozess können gravierendste negative Auswirkungen haben. Sprechen Führungskräfte nicht mit anderen Führungskräften oder bleibt eine wesentliche Information irgendwo in der Hierarchie hängen, weil die Angst besteht, dass der Überbringer der schlechten Nachricht „hingerichtet" wird, so liegt hier oft der Grund nicht optimaler Ergebnisse. Es kann verantwortungsbewussten Unternehmensführern deshalb nur empfohlen werden, hierarchieübergreifende Foren zu schaffen, die die bestehenden und oft naturgegebenen Kommunikationsängste aushebeln.

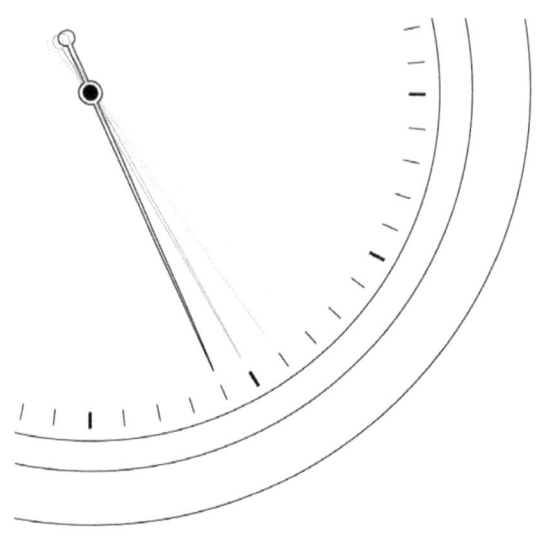

2 DIE VERÄNDERUNG UND DIE SICHERUNG ALS BASIS

2.1. Der Veränderung als Change-Prozess

Situation: Ein weltweit agierender, in Teilregionen marktführender Konzern änderte seine Vertriebsstrategie so grundlegend, das jeder Konzernbereich betroffen war. Die Nutzenargumentation der Projektgruppe und auch die Break-even-Analyse waren eindeutig und sprachen für eine schnellstmögliche Umsetzung. Nachdem der Konzernspitze die Ergebnisse einer Pilotstudie vorlagen und für alle betroffenen Führungskräfte zugänglich gemacht worden war, wurde die sofortige Umsetzung angewiesen.

D.h. der Vertrieb bekam ein mit großem Aufwand entwickeltes Schulungskonzept übergeworfen. Um die Kosten im Griff zu halten, wählte man allerdings ein Multiplikatoren-Konzept, bei dem einzelnen Mitarbeitern die Strategie erläutert wurde, die dann die Aufgabe bekamen, es in ihren Teams zu „multiplizieren". Wer Multiplikator wurde, wurde nur unklar definiert.

Die Führungskräfte sollten das Projekt als Coach begleiten, wobei die Aufgabe eines Coachs als bekannt vorausgesetzt wurde. Zur Unterstützung der Umsetzung wurde der Einsatz der neuen Strategie dann auch noch als Qualitätsziel in die Zielfunktion aufgenommen.

Die sofortige Umsetzung wurde eingeleitet und dauerte zwischen drei Monaten und fünf Jahren. Dies passierte, obwohl die neue Strategie eindeutig, belegbar für alle Mitarbeiter, vorteilhaft war, aber eben auch für alle eine grundlegende Veränderung bedeutete.

Betrachtete man die Umsetzung detaillierter, sprang zunächst die sehr unterschiedliche Herangehensweise ins Auge. Viele der sehr erfolgreichen Vertriebsteams setzten schlicht nichts um, denn sie wussten – oder sie hatten darüber in den letzten Jahren ein großes Erfahrungswissen aufgebaut – auf ihre sehr guten Ergebnisse konnte das Unternehmen nicht verzichten. Und die alten Hasen unterstützten diese Tendenz mit eindeutigen Aussagen: „In spätestens fünf Jahren wird die nächste Sau durch's Dorf getrieben!"

Auch die Auswahl der Multiplikatoren war sehr unterschiedlich: Vom Sachbearbeiter, der zur Zeit sowieso nichts zu tun hatte – und dessen Abwesenheit während der Schulungen deshalb die Zielerfüllung weder unterstützte noch sonst weiter schadete – über den engagierten Vertriebler, den das neue Konzept interessierte bis zum hoch emotionalisierten Hobbytrainer, dem Schulungen von Kollegen sowieso viel mehr Spaß machten, als der zielgetriebene Vertrieb, waren alle beteiligt.

Die Multiplikationsergebnisse waren entsprechend breit gestreut.

Ähnliches erlebte man bei den Führungskräften, neben den Karrierebewussten, die Seminare buchten „Die Führungskraft als Coach", fand man die Patriarchen, die die Anweisung zur Umsetzung gaben - und damit hatte es sich. Hervorzuheben waren auch die Kreativen, die überlegten wie man mit möglichst wenig Aufwand, das Ziel erreichen konnte, ohne viel am Prozess zu verändern - ohne das es jemand merkte.

Für die meisten Betroffenen stand das persönliche Ziel im Mittelpunkt: Veränderung – so wenig wie möglich!

Analyse und Hintergrund: „Veränderung – so wenig wie möglich!" Was ist der Hintergrund dieser offensichtlich so zentralen Botschaft der beteiligten Menschen. Antwort kann hier ein auf psychologischer Theorie basiertes Modell liefern. Es beschreibt die Phasen im Change-Prozess, die abgeleitet wurden aus der wohl gravierendsten Veränderung, die ein Mensch erfahren kann, dem Sterben. 1971 hat Kübler-Ross (W. Burkert (2009), S. 57) die Grundlage für das Modell geschaffen, das seit dem die Basis des sogenannten Change-Managements darstellt.

Jede Art der Veränderung folgt diesem typischen Verlauf der in unten stehender Abbildung dargestellt ist und der im Modell in 7 Phasen unterteilt ist. Die Veränderungskurve zeigt den emotional-bedingten Verlauf der wahrgenommenen Kompetenz bei Veränderungs- und Entwicklungsprozessen auf. Je nach Situation und Persönlichkeit können sich unterschiedliche Mitarbeiter im gleichen Veränderungsprozess zum gleichen Zeitpunkt im gleichen Unternehmen in verschiedenen Phasen befinden.

Die Achsen weisen deshalb auch keine Skalierung auf, denn die Ausprägungen sind individuell und situativ bestimmt. D.h. abhängig vom persönlichen Werteschema empfinden Menschen Veränderungen mehr oder weniger bedrohlich oder verunsichernd. Die Reaktionen folgen dann zwar immer dem abgebildeten Muster, aber die Ausprägungen und Dauer der Phasen können extrem unterschiedlich sein.

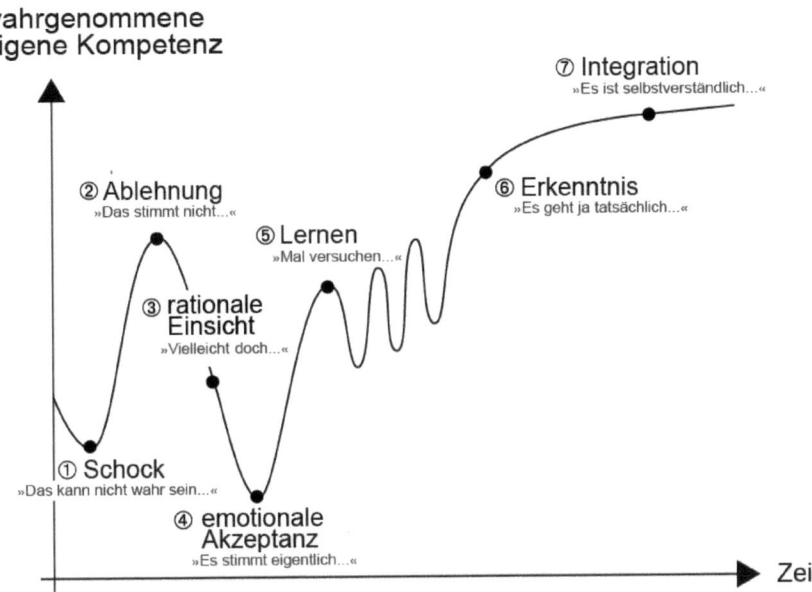

Abbildung 4 (eigene Darstellung in Anlehnung an C. Kostka, A. Mönch (2002) S. 11)

Was in den einzelnen Phasen häufig beobachtet werden kann, soll im Folgenden kurz erläutert werden:

1. Phase: der Schock

Der Schock beschreibt die Situation nach Konfrontation mit der neuen ungewohnten Situation. Er tritt auf, wenn die bisher sichere Routine verlassen wird oder verlassen werden muss. Der Mensch ist verunsichert, die empfundene Kompetenz für den Umgang mit der neuen Situation wird als gering empfunden. Die Motivation fällt deutlich ab, denn der Mitarbeiter hat kein Bild von der Zukunft, alles was er erlebt, ist Unsicherheit. Insbesondere vor dem Hintergrund einer häufig erfolgreichen, vorher routinemäßigen, d.h. ohne viel Nachdenken durchgeführten Tätigkeit, wird der Mitarbeiter geschockt.

2. Phase: die Verneinung

Nur kurze Zeit nach dem Schock verändern sich die Gefühle. Der Mitarbeiter gewinnt nun an Selbstbewusstsein und entwickelt eine ganz andere Überzeugung. Er geht nun fest davon aus, dass er mit seinen in langen Jahren eingeübten Instrumenten auch die neue Situation sicher schaffen wird. Der Mitarbeiter ist überzeugt, dass die Situation so neu nicht ist und dass der erfolgreiche alte Weg weiter funktionieren wird.

Die Mitarbeiter schaffen sich ihre eigene alte Welt zum Selbstschutz und behindern so die Weiterentwicklung. So ist die Verneinung für jeden vernünftig und das Verhalten muss nicht geändert werden. Die Zunahme der erlebten Kompetenz führt zu einer Entspannung des Mitarbeiters, obwohl sie nur das Ergebnis einer selbstgeschaffenen Umwelt ist.

Der Mitarbeiter hat sich aufgrund seiner Erfahrungswelt ein Bild gemacht, das er aus der Vergangenheit heraus konstruiert. Er befördert sich wieder in eine Welt, die er kennt und die ihm so Sicherheit gibt.

In extremer Ausprägung kann die Phase der Verneinung im Rahmen eines Führungskräftewechsels zu sehr aggressiven Handlungen führen. Die Unsicherheit, der in der ersten Phase empfundenen erlebten neuen Welt, führt in die Angst und wie Rainer Werner Faßbinder in einem Filmtitel formulierte „Angst essen Seele auf". Die Folgen für die Psyche eines Menschen können gravierend sein.

Situation: In einem deutschlandweit agierenden Konzern mit bedeutender Marktposition wurde aus Kostengründen die Vertriebsunterstützung neu strukturiert, d.h. Aufgaben wurden gepoolt und Teams regional neu zugeordnet, die Führungsspanne ausgeweitet, eine Führungsebene gestrichen. Der typische Dreisatz ausschließlich betriebswirtschaftlich orientierter Unternehmensberater – ein größeres fachliches Spektrum schien unnötig.

Die Folge waren zwölf neue Teams mit neuen teilweise unerfahrenen Führungskräften. Der Zufall hatte in einem Team von sieben Mitarbeitern drei Alpha-Tiere zusammengeführt. Einer dieser drei übernahm selbstverständlich eine informelle Führungsposition, er begründete dies für sich mit seiner fachlichen Kompetenz – die formelle Führungsverantwortung lehnte er aber ab. Ein Zweiter fühlte sich als zur Führungskraft berufen, wurde aber vom Unternehmen in mehreren Assessment Centern als nicht geeignet eingestuft. Der Dritte wurde die formelle Führungskraft und zeichnete sich durch eine sehr lange Unternehmenszugehörigkeit und ein großes, vom eigenen Bild geprägtes Selbstbewusstsein aus.

Die neue Struktur begann zu arbeiten und es eskalierte nach nur sechs Wochen. In einer Teamrunde, in der der neue Leiter einige neue Regeln des Unternehmens und seine Vorstellungen dazu bekanntgab, passierte Folgendes: Als Reaktion auf die Vorstellung der neuen Regeln stand der erste Alpha-Kollege auf und sagte seiner neuen, von ihm nicht akzeptierten Führungskraft: „Das kannst du alleine machen!"

Das zweite „Alpha-Tier" reagierte unmittelbar und erklärte: „ Das sehe ich genauso, von dir lasse ich mir gar nichts mehr sagen!"

In der Folge dieser Reaktion und der „lebhaften" Diskussion im Team darüber, suchte der neue Teamleiter, das dritte „Alpha-Tier", seinen Vorgesetzten auf und stellte seine Stelle zur Verfügung. Da dieser bei der Auswahl dieses Leiters, des dritten „Alpha-Tiers", sowieso nicht ganz sicher gewesen war, akzeptierte er das Angebot sofort. Die verfahrene Situation bedurfte einer Klärung.

Nachdem die Stelle in dieser verfahrenen Situation neu ausgeschrieben wurde, wurde die Position durch eine junge Bewerberin aus dem Unternehmen besetzt, die zwar von der Situation gehört hatte, aber vollkommen ohne Führungserfahrung mutig in die Rolle einstieg.

Auf der ersten Teamsitzung wurde sie von dem Vorgesetzten, dem Leiter aller Serviceteams, vorgestellt, der auch gleich deutlich machte, dass er nun kooperatives Verhalten erwarte, die alte Führungskraft sei nicht mehr Teil des Teams und damit seien wohl keine Probleme mehr gegeben.

Die Realität belehrte die junge Führungskraft eines besseren. Nachdem der Service-Teamleiter die Vorstellung abgeschlossen hatte und den Raum verließ, wehte ihr ein eisiger Wind entgegen. Eine Rückkopplung zum Vorgesetzten, der aufgrund von Projektarbeit und zu großer Führungsspanne deutlich überlastet war, führte auf einen neuen Pfad. Zur Unterstützung des neuen Teamleiters wurde nun ein externer Coach eingesetzt.

Als erste Maßnahme wurden die Teamsitzungen gestrichen, um die aggressive Form der gemeinsamen Verneinung zu verhindern.

Nach einem ersten Gespräch stellte sich die Situation so dar, dass das Team untereinander in zwei Gruppen zerstritten war. Die eine Gruppe, die grundsätzlich eine Führungskraft aus den eigenen Reihen haben wollte, die die Veränderung aber nachvollziehen konnten und der zweiten Gruppe, die die Veränderung wegen der vermuteten fachlichen Mängel des neuen Leiters massiv ablehnte.

Als nächste Maßnahme wurden Einzelgespräche angesetzt. Eines der Alpha-Tiere, das ursprünglich auch die Stelle besetzen wollte, wurde mit der informellen – formell war es dem Unternehmen zu teuer – Stellvertreterposition belohnt um einen hierarchischen Abstand zum Rest-Team zu konstruieren. Ihre Respektlosigkeit gegenüber der alten Führungskraft wurde von der neuen Führungskraft im ersten Gespräch nicht thematisiert – die Zukunft war wichtig.

Im Gespräch mit dem zweiten „Alpha-Tier" stellte sich heraus, dass die junge Führungskraft auf den Druck dieses Mitarbeiters, der fachlich sehr anschaulich begründen konnte, warum die Veränderung Blödsinn war, im Gespräch mit einer zunehmend höheren Stimme reagierte, die den Kollegen offensichtlich auf der emotionalen Ebene berührte und zu noch mehr Aggression beim Gegenüber führte.

Weitere Einzelgespräche folgten. Nach einer Phase von vier Wochen, in der ausschließlich Einzelgespräche in hoher Dichte erfolgten, die Führungskraft an ihrer Stimmlage arbeitete, d.h. dass sie nun auch unter Druck in ihrer normalen Stimmlage blieb, hatten alle nun genügend Sicherheit gewonnen und es konnte nun mit aus den Aufgaben begründbaren fachlichen Teamgesprächen in zwei Teilgruppen kommen.

Die neue Situation hatte sich insoweit geklärt, dass es auch dem Service-Teamleiter klar war, dass um endgültig Ruhe zu erreichen, das Fach-Alpha-Tier in eine andere Gruppe versetzt wurde. Erst nach drei Monaten begann die Phase drei – der Schritt in den Alltag. Die Phase drei wurde nun von fünf Mitarbeitern und der ursprünglich neuen Führungskraft nach weiteren sechs Wochen erreicht.

3. Phase: die Einsicht

Die auf die Verneinung folgende Phase der Einsicht führt in die Realität und damit zur Realisierung einer nötigen Verhaltensänderung. Die Folge davon ist Unsicherheit, da Neuland betreten werden muss. Auf die laute Verneinung folgt nun die stille Resignation. Es ist klar, die Situation ist neu, die bisherige Erfahrungswelt wird als falsch und wenig nutzbar erlebt.

4. Phase: die Akzeptanz

Der tiefste Punkt der gefühlten Kompetenz in Bezug auf die neue Situation wird als Akzeptanz – schöner auch als Tal der Tränen – bezeichnet. In dieser Phase ist die neue, aber immer noch unsichere Situation als unabwendbar anerkannt. Die Schwierigkeit besteht nun in der Nutzung der neuen Wege und im Nutzen der neuen Instrumente.

Unsicherheit ist immer noch das beherrschende Gefühl, der einfachste Weg scheint die Flucht, nach dem der Angriff auf die neue Strategie, der 2. Phase, gescheitert ist. Wenn in dieser Phase keine Volition – der Vernunftwille - vorhanden ist oder geweckt werden kann, erfolgt die innere oder äußere Kündigung.

Situation: In einem durch Zusammenlegung zweier stationärer Einheiten entstandenen Großteam eines regionalen Dienstleistungsunternehmen, stand die neue Führungskraft 22 Mitarbeitern gegenüber, von denen er nach einer intensiven Teammaßnahme wusste, dass 18 Mitarbeiter mit ihm in die neue Phase einsteigen wollten, vier dagegen durch ihre verbalen und nonverbalen Kommunikation anzeigten, dass sie gedanklich nicht Teil dieses neuen Teams waren.

Zwei äußerten dies unter vier Augen klar und deutlich: „Ich werde in sechs Monaten ein eigenes Team übernehmen und deshalb muss ich mir das hier nicht mehr antun!" bzw. „Du kannst mich mal, ich mache das was ich will!" Die dritte Mitarbeiterin wollte in zwei Jahren in Altersteilzeit gehen und verändern wollte sie nichts mehr – sie wusste, dass sie nach 30 Jahren im Unternehmen nicht mehr entlassen werden würde.

Der vierte Mitarbeiter hatte sich noch nicht entschieden, war aber vom Typ her, schlicht nicht führbar. Man einigte sich schließlich auf einen Waffenstillstand.

Schwierig war besonders mit der Respektlosigkeit: „Du kannst mich mal ...!" – umzugehen. Der Mitarbeiter hatte sich nicht nur aus dem Team, sondern auch aus dem Unternehmen verabschiedet – eine innerliche Kündigung. Eine normale Kündigung würde sich aber nicht durchsetzen lassen, die bisherigen Zeugnisse waren schlicht zu durchschnittlich – die Personalakte unauffällig. Trotz Eskalation an die nächste Führungsebene musste die Führungskraft mit diesem Mitarbeiter leben.
Anderen Abteilungen war dieser Mitarbeiter ebenfalls nicht zu zumuten. Da Mobbing kein Führungsinstrument sondern eine kriminelle Handlung ist, blieb der Führungskraft nichts anderes übrig als zukünftig sämtliche Fehler des Mitarbeiters zu sammeln, um dann irgendwann genügend Material zu haben, um sich tatsächlich vor einem Arbeitsgericht durchsetzen zu können.

5. Phase: das Ausprobieren

Die wichtigste Phase des gesamten Veränderungsprozesses, der einzige Weg aus dem Tal der Tränen, ist die Phase des Ausprobierens. Der Weg zu dieser Phase kann von außen beeinflusst und unterstützt werden. Die empfundene Unsicherheit wird am einfachsten durch auch empfundene Hilfsbereitschaft von außen besiegt. Gibt es jemanden, der beim Bau neuer Fundamente hilft, ist im Allgemeinen Dankbarkeit und Vertrauen das Ergebnis und die Belohnung für die Führungskraft. Bei einer aktiven Begleitung durch die Führungskraft, der Unterstützung des Vernunftwillens zur Veränderung, kann das Tal der Tränen am schnellsten verlassen werden und ein Rückfall in die Depression verhindert werden.

In der Phase des Ausprobierens kann die Führungskraft den Mitarbeiter wieder ins Flow-Feld führen, in der notwendige und empfundene Kompetenz wieder im Ausgleich sind.

6. Phase: die Erkenntnis

Die Erkenntnisphase ist der erste Schritt zur Routine. Die Mitarbeiter verstehen, erlangen Sicherheit, wissen warum sie etwas tun müssen und begreifen den Nutzen dieser Tätigkeit, sie haben gelernt und fühlen sich wieder kompetent. Die Situation hat sich zu einem neuen Bild verfestigt.

7. Phase: die Integration

Die letzte Phase, die Integration, überführt das veränderte Verhalten in den Alltag. Die entstandene Erfahrungskurve wird aktiv genutzt, die gefühlte Kompetenz hat mindestens das Ausgangsniveau erreicht. Diese letzte Phase lässt die neue Routine entstehen. D.h. die neue Tätigkeit wird selbstverständlich ausgeführt ohne dass die Mitarbeiter über einzelne Schritte nachdenken müssen. Die Sinnhaftigkeit ihres Tuns ist ihnen bewusst und sie fühlen sich in ihrem Tun sicher.

2.2. Die Sicherheit als Motivationssäule

Situation: In einem jungen Start-up Unternehmen, das nach Business-Plan noch ein weiteres Jahr Zeit gehabt hätte um die Gewinnzone zu erreichen, forderte die Führungskraft die Mitarbeiter zu einer nochmals erhöhten Leistung auf, selbst wenn dies kurzfristig zu Lasten der Kunden gehen würde. Der Deckungsbeitrag musste in jedem Fall in den letzten drei Wochen des Jahres nochmals gesteigert werden. Die Stimmung des Teams bis in diese Phase hinein war positiv, man kam gern zur Arbeit, man fühlte sich wohl. Nun wurde der Ton schärfer, der Druck war fühlbar erhöht worden.

Die Folge war eine reaktante Reaktion der Mitarbeiter, die eher einen Gang zurück schalteten als ihre Leistung nochmals zu erhöhen, da sie ja bereits ein sehr erfolgreiches Jahr geleistet hatten. Die wesentliche Information, dass dem Gesamtunternehmen ein außergewöhnlicher Erfolg beschert werden würde, das nämlich die Gewinnzone erreicht werden könnte, ein Jahr vor dem anvisierten Termin, wenn die on-top-Ziele erreicht werden würden, behielt die Führungskraft für sich. Er befürchtete offensichtlich – auf Basis einer nur ihr ersichtlichen Logik - sonst das Lob der Geschäftsführung teilen zu müssen.

Ein krankheitsbedingter Ausfall der Führungskraft löste das Problem. Der Stellvertreter, der von der Geschäftsführung über die Perspektiven aufgeklärt wurde, informierte die Kollegen, der Sinn der Aktion war nun allen klar und wurde fröhlich umgesetzt.

Analyse und Hintergrund: Sicherheit ist eine maßgebliche Voraussetzung für Motivation. Der erste und einfachste Weg ist die Information der Mitarbeiter. Führungskräfte deren Meinung auch heute noch ist, dass die Monopolisierung von Wissen in der eigenen Person Macht ist, befinden sich auf dem falschen Weg. Erst die Multiplikation des Wissens und damit die Möglichkeit, dass auch die zugeordneten Mitarbeiter mit all ihren Instrumenten und Kompetenzen auf sicherer Basis stehen, erweitern den Aktionsrahmen und damit die Möglichkeit der Machtausübung für die Führungskraft. Erst die Multiplikation des Engagements über die Mitarbeiter führt zur Ausweitung der Macht der unmittelbaren Führungskraft.

Sicherheit bietet eine entscheidende Basis für einen Veränderungsprozess. Ohne Sicherheit führen Veränderungsprozesse häufig ins Chaos im Tal der Tränen, denn das Erste, was von den Teammitgliedern gesucht wird, ist dann nicht das Ziel, sondern der Ausstieg aus dem Prozess um zunächst wieder irgendeine Sicherheit zu gewinnen. Damit dies schnellst möglich erreicht werden kann, wird jedes weitere Risiko vermieden und damit auch jede

Chance aus einer möglichen Innovation. Ziel wird das nächste rettende Ufer und das ist häufig Nichtstun, denn so ist die Wahrscheinlichkeit, dass die Veränderung vollzogen wird und Fehler passieren, scheinbar am geringsten.

Ein Veränderungsprozess ist häufig der Weg zu besseren Ergebnissen. Egal ob best Practice Ansätze gewählt oder tatsächlich ganz neue, innovative Wege gesucht werden, erforderlich ist meist eine Verhaltensänderung. Dabei ist es egal, ob zunächst ein Instrument angepasst werden muss oder tatsächlich ein ganzer Prozess erneuert werden soll. Wichtig ist in jedem Fall, dass die Beteiligten sich von der Vorteilhaftigkeit ein Bild machen können, damit die Zukunft wieder zu einem Teil ihrer Gegenwart wird.

Erkennen Menschen keinen Vorteil, sondern empfinden nur Angst vor der Machtfülle des Vorgesetzten, entsteht Unsicherheit selbst aus einer sicheren Position heraus. Damit erlischt bei der Mehrzahl der Menschen der Veränderungswille, der für den Erfolg - einer Variation der Routine - unabdingbar ist.

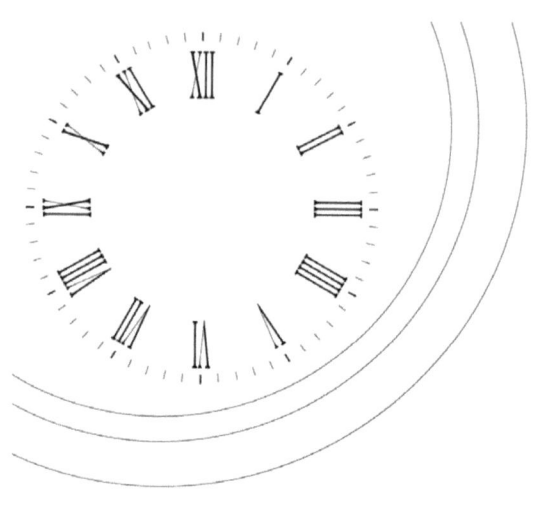

3 DIE ZIELE UND DIE ZIELSYSTEME ALS STEUERUNGS- EINHEIT

3.1. Die Eigenschaften von Zielen und Zielsystemen

Situation: Innerhalb der Organisation eines reinen Vertriebsunternehmens, Tochterunternehmen eines weltweit aktiven Konzerns, wurden im Zuge einer Umstrukturierung die Verantwortlichkeiten neu geregelt. Die Führungskräfte mit Stabsfunktion erhielten innerhalb ihrer Stellenbeschreibungen nun auch die Verantwortung dafür, dass zentrale Dienstleistungen der Stabsfunktionen, wie Qualifikation der Mitarbeiter oder Vertriebskampagnen, genutzt werden sollten.

D.h. beispielsweise Vertriebskampagnen wurden nicht mehr zentral und global „verordnet", sondern sollten bedarfsorientiert für einzelne Regionen abgerufen werden können. Gleiches galt für Schulungen, d.h. fiel die Vertriebsqualität oder wurden neue Produkte lanciert, war dies die Verantwortung des Regionalleiters. Der jeweils zuständige Abteilungsleiter hatte die Aufgabe seine Dienstleistung in den Regionen zu präsentieren.

Im täglichen Führungsalltag steuerte die Stabsführungskraft einen mehr oder minder überschaubaren Prozess, der sich i.d.R. aus einer Mischung von Routine- und nicht alltäglichen Aufgaben zusammensetzte. Die Steuerung erfolgte über Arbeitsanweisungen bzgl. der Routine und des Außergewöhnlichen. Die Führungskraft verantwortete das Ergebnis seines Teams und hatte die Budgetverantwortung.

Um die Unternehmensführung von der Kontrolle zu entlasten, wurden die Aufgaben der Stabsfunktionen als gewichtete Ziele in die Zielfunktion der Vertriebsführungskräfte aufgenommen, sie hatten nun 16 zusätzliche, insgesamt 26 Ziele. Der Tenor war klar: „alles was nicht verzielt ist, wird sowieso nicht umgesetzt!"

Die Qualifikation der in der Region positionierten Mitarbeiter hatte beispielsweise ein Gewicht von 1 % in der Gesamtfunktion des jeweiligen regionalen Vertriebsleiters.

Das Ergebnis dieser Umstrukturierung war, dass sich die Vertriebsleiter auf sieben bis acht Ziele konzentrierten, die etwa 75 % der Zielfunktion ausmachten. Um die Qualität der Mitarbeiter, sprich etwa über die Annahme des Angebots an Schulungsveranstaltungen, kümmerten sich nicht einmal 10 % der regionalen Vertriebsleiter. Da das Unternehmen in einer qualitativ sehr hochwertigen Nische angesiedelt war, wurde die Geschäftsleitung aktiv, um das vorhersehbare Qualitätsproblem anders zu lösen.

Sie versuchte das Dilemma durch Vertriebsziele im Stab zu lösen, die ihre Dienstleistungen nun aktiv verkaufen mussten. Da die Anreize auf der Nachfragerseite aber in keiner Weise gegeben war, passierte wenig.

Nach weiteren drei Monaten wurde das Problem über die Provision gelöst: Nur Mitarbeiter, die alle von der Geschäftsleitung gewünschten Trainingsmaßnahmen durchlaufen hatten, erhielten die volle Provision. Desweiteren wurde der Einsatz von vier Kampagnen pro Jahr zwingend vorgeschrieben. Die zentralen Steuerungsprobleme waren nun gelöst – die Qualität hielt und der Vertrieb nutzte die zentral angebotenen Maßnahmen ohne weiteres murren.

Analyse und Hintergrund: Die Möglichkeit der Steuerung über Arbeitsanweisungen bzw. Projektbeschreibungen kann in einem vernetzten System innerhalb eines Unternehmens je nach Gestaltung zu erheblichen Problemen führen. Da die Anordnungen nicht immer eindeutig verstanden werden, erhöht sich damit ganz erheblich der Kontroll- und Informationsbedarf (Vgl. Abb. 1).

Bereits kleinere Unklarheiten in der Interpretation, können in einer Abteilung bedeutende Folgen haben. Sind qualitativ anspruchsvolle Ergebnisse gefordert, ist der Weg über die Arbeitsanweisung nur mit entsprechender Kontrolle sinnvoll. Werden etwa Daten aus der Aufwands- und Ergebnisplanung widersprüchlich oder gar nicht geliefert, ist eine Break-even-Analyse nicht wirklich möglich. Werden keine Anreize gesetzt, hat nur der intrinsisch motivierte Mitarbeiter ein wirkliches Interesse am Prozess.

Wird ein Problem in einer Schnittstelle zu einem anderen Projekt oder einem anderen Ressort sichtbar, waren es im Allgemeinen die Anderen. Liegt die Störung an einem intern nicht sauber abgestimmten Zeitplan, wird die Fehlersuche in der Regel nicht im System angesetzt, sondern beim Kollegen. Immer ist die Führungskraft gefordert, bei zu großen Führungsspannen häufig überfordert. Um aus dieser konfliktträchtigen meist aufgrund der Komplexität nicht immer klaren Situation herauszukommen, werden Zielsysteme eingesetzt.

Insbesondere dann, wenn gleichzeitig noch ein Leistungssprung erreicht werden soll, der zwangsläufig zu höheren Gewinnen führt.

Situation: Ein Beratungsunternehmen empfahl einer durchschnittlichen Retailbank ein enges Aktivitäten-Controlling-System einzuführen und, um die Abschlüsse deutlich nach oben zu fahren und so das Haus zu einem der vertriebsstärksten Europas zu machen, die Kontakt- und Gesprächsfrequenz pro Berater und Tag signifikant zu erhöhen.

Da das Beratungsunternehmen aufgrund des beruflichen Hintergrunds seiner Berater als Vertriebs-Know-How gesegnet galt und dies anhand vergangener Ergebnisse des Beraterteams als Finanzdienstleister auch plastisch belegen konnte, stimmte der Vorstand zu. Neben einem erstklassigen Gesamtbank-Controlling-System wurde also ein Aktivitäten-Controlling-System installiert, feste, bedingte Regelkommunikation für die Führungskräfte implementiert und „anspruchsvolle" Ziele mit den Mitarbeitern „vereinbart".

So sollte jeder Kundenberater pro Tag 15 Gespräche führen. Die Zahl ergab sich recht einfach: Bei einer durchschnittlichen unterstellten Gesprächsdauer von 30 Minuten, einem Acht-Stunden-Tag und 15 Minuten Rüst- bzw. Abrüst-Zeit, ergab sich die Zahl 15. Korrekt gerechnet, aber in einer fundierten Beratung schlicht nicht umsetzbar, da es häufig deutlich längere Gespräche inklusive Vorbereitung gab. Wenn man gleichzeitig beachtete, dass Menschen im Gegensatz zu Maschinen eine maximale Auslastung von 85 % haben, wird klar dass diese Vorgabe nicht sinnvoll erreicht werden konnte.

Es wurde festgelegt, dass wenn in diesem Unternehmen die Vorgabe nicht erreicht wurde, griff dann automatisch die bedingte Regelkommunikation der Führungskräfte. D.h. es folgten Gespräche mit der Führungskraft, Stellungnahmen mussten formuliert werden und in der nächsten Stufe wurde an die nächste Ebene eskaliert mit der Bedrohung durch Abmahnungen.

Da die Vertriebsführungskräfte vom Unsinn dieser Ziele überzeugt waren, verlor das Haus in der Folge fast vollständig das Vertriebscontrolling aus der Hand. Die Kontrolle wurde nach folgendem Muster unterwandert: Kam ein Kunde in eine Geschäftsstelle und sagte „Guten Morgen", trug der Berater ein Gespräch zu einem Thema ein, Dauer bis zu 30 Minuten. Wortlaut: Kunde hatte kein Interesse am angebotenen Produkt, Wiedervorlage in sechs Monaten – und gewann so die Zeit für einige Minuten seinen existenziellen sozialen Bedürfnissen zu folgen.

Die Vertriebszahlen des Unternehmens stiegen zunächst leicht an, ob die Kosten der Beratung verdient wurden, kann aber bezweifelt werden. Was aber viel dramatischer war: Die Mitarbeiter wurden darauf trainiert aufgrund nicht erreichbarer Zielstellungen ihr Unternehmen zu betrügen, d.h. trainiert wurde tatsächlich die Illoyalität.

Analyse und Hintergrund: Über die Formulierung von Zielen ist bereits viel geschrieben worden, letztendlich gibt es immer eine Gemeinsamkeit: Ziele haben den Sinn Mitarbeiter hinter dem Unternehmensziel zu versammeln und Führen einfacher und damit effizienter zu machen. Diesem Grundgedanken sollte sich jedes Zielsystem unterordnen.

Durch das Weitergeben von Zielen kann die Führungskraft aus der strengen Überwachung des Prozesses aussteigen und sich um die kompetenzbedingten Ausnahmen und den Service für die Teams kümmern. Erst nachlassende oder schlechter werdende Zielerreichungsgrade erfordern den direkten Einsatz im Prozess.

Egal welche Zieldefinition zugrunde gelegt wird, der soeben beschriebenen Aufgabe muss sie genügen. Deshalb sind Ziele auch nicht zu verwechseln mit Arbeitsaufträgen oder -instrumenten. Beide dienen nur gesetzlichen Vorschriften oder der Zielerreichung über einen Prozess und können nicht zum Selbstzweck werden. Egal ob das Objekt eine formulierte Arbeitsanweisung, eine modisch-designte Brotschneidemaschine oder ein komplettes Vertriebskonzept ist, immer handelt es sich um ein Mittel zur Zielerreichung und nicht um ein Ziel selbst.

Ziele sollten problemorientiert formuliert werden. Die Führungskraft stellt ins Zentrum ihrer Überlegungen, ob die Zielausgestaltung dem Unternehmen und Teammitarbeitern im Prozess hilft. Es ist nicht sinnvoll Ziele zu formulieren, wenn eine einfache Arbeitsanweisung für einen einfachen Prozess ausreicht. Wenn etwa durch Anreize ein Prozessergebnis erzielt werden soll, das hinterher mit Augenschein kontrolliert werden muss, ist dies nicht sinnvoll. Ein solches Artefakt führt zu keinem von der Arbeitsanweisung differenzierten Ergebnis und hat im Nachhinein mindestens den gleichen Zeitaufwand für die Führungskraft, wie eine Arbeitsanweisung.

Der Organisationsaufwand ist in einem normalen Führungsumfeld aber sogar deutlich höher. Ziele haben keinen Selbstzweck!!

Grundsätzlich enthält ein Controlling-Konzept Kontrollmechanismen und im Zentrum Ziele. Dabei hat der Kontrollmechanismus im Wesentlichen den Grund folgende Aussage zu ermöglichen: Nur wer weiß, wo er steht, kann auch auf ein Ziel zusteuern.

Situation: Ein Finanzdienstleistungsunternehmen sollte in den Vertriebsergebnissen besser werden, ohne dass der Fixkostenfaktor zulegte. Aus diesem Grund wurde ein Consulting-Unternehmen engagiert, das die Prozesse optimieren sollte, um so aus dem bestehenden Potenzial höhere Erträge zu generieren. Durch gezielte Maßnahmen im Führungsbereich – Optimierung der Führungsspanne mit maximal zehn Mitarbeitern, Einführung einer Regel-Kommunikation auf Team-Ebene, individuelle und situative Individual-Kommunikation und Einführung einer Zieltransparenz auf Teamebene – wurde das Ergebnis tatsächlich um über 30 % gesteigert.

Auch die Vertriebssteuerung hatte erfreulich gearbeitet und in harter Projektarbeit eine Revision des bestehenden Zielsystems diskutiert und beschlossen. Um der tatsächlichen Unternehmenssituation näher zu kommen, wurden in einer additiv verknüpften Zielfunktion aus sieben Elementen die Bruttozahlen des Passivbestandes durch die Nettozahlen ersetzt, d.h. von den akquirierten Kundengeldern, die im Bankportfolio blieben, wurden die Abflüsse wieder abgezogen, dies sollte zusätzliche Transparenz bieten.

Aufgrund der hohen Gewichtung dieses Ziels durch den Vorstand war damit für das Folgejahr die Entwicklung der Zielerreichung in groben Zügen prognostizierbar.

Die Gesamtzielfunktion rutschte durch den branchentypischen saisonalen Effekt im Februar jeden Jahres ins Minus und es war klar, dass sie dort, je nach Entwicklung, einige Monate verweilen würde.

Die Mitarbeiter erlebten ab Anfang März, dass sie viel Einsatz leisteten und ihre transparente Leistungsmessung negativ war. Das Haus und auch alle Mitarbeiter wussten jetzt genau wie die Zielerreichung im Verhältnis zum Vorjahr aussah. Für die Unternehmenssteuerung war dies wichtig und auch selbstverständlich, aber für die Motivationslage der Mitarbeiter war es ein Desaster!
Egal wie viel Energie und Engagement sie einsetzten, das Ergebnis der Zielfunktion war negativ. Die Ergebnisse konnten nur durch einen hohen Kommunikationsaufwand der Vertriebsführungskräfte einigermaßen gehalten werden.

Analyse und Hintergrund: Mitarbeiter, die auf eine solche Situation nicht vorbereitet werden, stellen die Arbeit ein, Frustration macht sich breit, Vertrieb soll ohne Spaß stattfinden. In einer solchen Situation wirkt auch der Anreiz einer leistungsorientierten Gehaltszulage-zum-Jahresende nicht mehr. Denn erstens ist sie sehr weit weg und zweitens erscheint sie bei den aktuellen Zahlen auch nicht mehr aktiv erreichbar.

Damit ein Ziel ein Ziel sein kann, sollten folgende Bedingungen angestrebt werden. Das im Allgemeinen genutzte Wortgebilde zur Beschreibung von Zieleigenschaften heißt S M A R T , wird hier aber zu S M A R T I erweitert. Dabei steht:

S **Schriftlich.** Damit ein Zielprozess funktionieren kann, ist das Schriftlichkeitsprinzip zumindest intern zwingend. Ein weiterer Inhalt, der in der Literatur für das **S** zu finden ist, ist beispielsweise Spezifisch oder speziell.

Die Schriftlichkeit trägt ein weiteres Argument in sich, die Sichtbarkeit. D.h. rückt ein Ziel sichtbar in die Wahrnehmung, kann ihm ähnlich einem Leuchtturm leichter gefolgt werden. Wenn die Schriftlichkeit dabei graphisch umgesetzt wird, hilft dies aus Motivationssicht ganz erheblich. Durch die Verlagerung der Zielerreichung auf ein Spiel oder einen sportlichen Wettbewerb kann es alleine durch die Form der Darstellung zu erstaunlich positiven Effekten bei der Stimmungslage in einem Team kommen.

M Messbar. Ohne Messbarkeit gibt es keine Möglichkeit zu erkennen, ob ein Ziel erreicht wird, wobei es sich hier auch um eine Null-Eins-Messbarkeit handeln kann und - im Extremfall - auch nur um eine gefühlte Messbarkeit, die die verantwortliche Führungskraft subjektiv entscheidet, aber gegenüber dem betroffenen Mitarbeiter plausibel darstellen kann.

Die Messbarkeit ist somit eine Basisforderung eines Zielsystems, denn erst sie ermöglicht eine transparente Darstellung und die Kontrolle der Frage: Wo stehen wir?

A Attraktiv. Das ein Ziel für das Institut attraktiv sein muss, versteht sich von allein. Es gilt ferner, dass nur, wenn die Zielerreichung für die Mitarbeiter attraktiv ist, sie auch aus eigenem Bestreben in diese Richtung gehen werden.

Diese Forderung ist ein wesentlicher Aspekt für das Kommunikationsverhalten der Führungskraft. Die Führungskraft hat die Aufgabe durch geeignete Kommunikation die Unternehmensziele mit den Zielen seiner Mitarbeiter abzustimmen.

Führungskräfte, die in solchen Situationen ins Jammern verfallen, wirken als „exzellente" Vorbilder. Bald jammert die ganze Abteilung und man gewinnt den Eindruck ein Cross-Selling im Einsatz vermietbarer Trauergemeinden wäre eine sehr sinnvolle Entscheidung. Die Ergebnisse der betriebswirtschaftlichen Zielfunktion tun bald das gleiche, sie zeigen ein Bild des großen Jammers.

Nur bei relativ hoher und positiver Zielkongruenz kann ein erfolgreicher Arbeitsprozess in Gang gehalten werden. Eine Situation, die der österreichische Extremsportler Fasching bei seiner erfolgreichen Teilnahme am Radrennen quer durch die USA wie folgt beschreibt: „Wenn sie durch die Wüste von Nevada fahren und sie sich bei ihrem Begleitfahrzeug über die Temperatur von über 50° C beklagen und die Kollegen dort mit einstimmen, können sie nicht gewinnen.

Wenn sie aber als Antwort bekommen: ‚Sei du mal ganz still, du hast wenigstens den Fahrtwind, was glaubst du wie heiß es hier drin ist!' schöpfen sie lächelnd positive Energie."

Im Rahmen eines Veränderungsprozesses sollte die Führungskraft eine Nutzenargumentation für jeden Mitarbeiter vorbereiten. Ähnlich der motivgesteuerten Nutzenargumentation, wie sie aus dem Vertrieb bekannt ist, ist jeder Mitarbeiter bei seinen zentralen Motivatoren abzuholen.

Einem intrinsisch motivierten Kollegen muss deutlich werden, dass aufgrund der Veränderung seiner Aufgabe „die Arbeit" noch mehr Spaß machen wird. Dies interessiert den „Extrinsiker" überhaupt nicht! Für ihn ist es wichtig, dass der Ertrag durch die Veränderung sicherlich höher sein wird, denn das macht ihm am meisten Spaß.

D.h. die Attraktivität des Zielsystems ist nicht für jeden Mitarbeiter gleich. Da es nicht sinnvoll erscheint, dass für jeden Mitarbeiter eine eigene betriebswirtschaftliche Zielfunktion geschaffen wird, ist es Aufgabe der direkten Führungskraft eine geeignete Formulierung und qualitative Gestaltung zu finden, die die Attraktivität für den einzelnen darstellt.

Als weiteren inhaltlichen Aspekt findet sich das A auch als Anspruchsvoll. Da dies für einige Mitarbeiter ein Teil von attraktiv ist, für andere Mitarbeiter anspruchsvolle Ziele geradezu toxisch wirken, wird hier dem Begriff attraktiv der Vorzug gegeben.

R **Realistisch.** Die Vergabe von unrealistischen Zielen erfreut sich immer noch einer großen Beliebtheit. Die Idee dahinter ist recht simpel, die Ergebnisse allerdings auch. Mitarbeiter durch das Vorgeben von unrealistischen 110 %-Zielen zum Esel zu degradieren und ihnen eine Möhre vor die Nase zu hängen, kann kurzfristig vielleicht sehr erfolgreich sein, auf mittlere Sicht ist eine solche Vorgehensweise allerdings eher kontraproduktiv. Mitarbeiter, die mitdenken und im Vertrieb nach einiger Erfahrung über Marktwissen verfügen, reagieren auf unrealistische Ziele sehr rational und da von ihnen unternehmerisches Denken und Handeln gefordert wird, auch entsprechend dieser grundsätzlichen Anforderung.

Situation: In einem erfolgreich arbeitenden Unternehmen, in dem 90 % der Vertriebsteams im letzten Jahr ihre – im Branchenvergleich - anspruchsvollen Ziele erreicht hatten, wurden deutlich höhere Ziele vereinbart. Die Führungskräfte aller Ebenen schätzten diese Ziele als eher unrealistisch ein.

Es wurde die Meinung vertreten, dass der Vorstand offensichtlich Prämien sparen wollte. Die Motivation der Mitarbeiter war gedämpft, denn Prämien würden in diesem Jahr nicht einmal die Hälfte der Mitarbeiter bekommen. Das Bemerkenswerte war, dass insbesondere die Mitarbeiter, die intrinsisch motiviert waren, deren Motivation im Wesentlichen aus dem Spaß am Vertrieb stammte, durch diese als ungerecht empfundene Maßnahme zurückfielen.

Als Reaktion darauf signalisierte die Geschäftsführung, dass den Vertriebsteams die Botschaft vermittelt werden sollte, dass bei 90 % der Zielerreichung schon sehr gut gearbeitet würde und ein Lob und eine geringe Prämie gezahlt werden würde. Die Reaktion der Mitarbeiter war eher negativ.

Analyse und Hintergrund: Ob ein Ziel zu 90 % oder nur zu 70 % erreicht wird, ist bei einem Managementkonzept, dessen Sanktionssystem auf Zielen aufbaut, die erreicht werden sollen, relativ egal. Also ist es für jedes Individuum durchaus intelligent und für den Mitarbeiter sehr effizient, den Aufwand für ein solches Ziel, das er sowieso nicht erreichen kann, sehr gering zu halten. Letzteres beschreibt im Allgemeinen das in den meisten Stellenausschreibungen geforderte unternehmerische Denken: minimiere bei möglichem Output den Input, das Schlagwort aus der Unternehmensberatung dazu wäre Cost-Cutting.

Fortsetzung der obigen Situation: Dann entschloss sich der Vorstand zur Mitte des Jahres die Ziele unterjährig zu senken – ein tiefes Aufatmen ging durch das Unternehmen. Während in den ersten Monaten fast kein Team in die Nähe der Zielerreichung gelangte, wurden plötzlich Aktivitäten sichtbar, die es vermuten ließen, dass bis zum Ende des Jahres noch die Mehrzahl der Kollegen ihre Ziele erreichen würden. Letztendlich belohnte der Vertrieb den Vorstand für diese nicht gewöhnliche Entscheidung und sich selbst.

T **Terminiert.** Die Unterscheidung des Ziels vom Wunsch wird durch die Konkretisierung des Endzeitpunktes erreicht. Durch die zeitliche Begrenzung wird dem Führen mit Zielen eine weitere Komponente - der Druck - hinzugefügt.

Situation: In einem mittelständischen, für die Region aber sehr wichtigen Unternehmen, hatte die komplette Geschäftsführung gewechselt. Die neuen „Besen" rationalisierten zunächst einmal durch und setzten eine Reihe von Mitarbeitern frei und verschlankten die Prozesse – in dieser Reihenfolge! Dann begann die Detailarbeit in den einzelnen Aufgabenfeldern.

Der Leiter einer Abteilung von Top-Verkäufern, das Haus hatte zwölf dieser Einheiten, stand auf dem elften und vorletzten Platz. Vom Auftreten her wurde die Führungskraft eher als Gemütsmensch beschrieben, der wahrscheinlich zu weich war für eine Führungskraft. Als letzte Rettung wurde ein persönliches Coaching ins Auge gefasst. Aus der Geschäftsführung kam die Botschaft, dass man das aber eigentlich nur noch für das Arbeitsgericht tat.

In einem ausführlichen Coaching-Prozess klärte sich die Lage: Der Einsatz der Führungsinstrumente war vorbildlich, die Motivation trotz Nackenschlägen wegen der schlechten Zielerreichung durch den unmittelbar Vorgesetzten hoch. Da die Führungskraft eine hohe intrinsische Motivation besaß und da – in dieser Situation glücklicherweise – die Führungsspanne des Vorgesetzten nach der Verschlankung der Prozesse zu hoch war, waren die direkten Kontakte eher gering.

Die Klippe zeigte sich in den Mitarbeitergesprächen. Es wurde vorbildlich gefragt, es wurden Verhaltensänderungen mit Unterstützung als Maßnahmen vereinbart und mit Termin versehen – ohne Kalender. D.h., Nachhaltigkeit konnte er nicht erreichen, da er die Termine in der Regel vergaß und die Mitarbeiter ihn verständlicherweise nicht daran erinnerten, denn die Bedienung des Grundmotivators Bequemlichkeit war für sie ein eindeutig positives Ergebnis.

Nach der Suche des passenden Kalenders – die Lösung waren lose Blätter in der ersten Tasche der Unterschriftenmappe, die ihm seine Assistentin regelmäßig ausdruckte – entwickelte sich die Abteilung innerhalb von acht Monaten vom vorletzten - dem elften Platz - in die Top drei des Unternehmens.

Da die Führungskraft auch die Nachhaltigkeit nicht mit Gewalt sondern mit dem von ihren Mitarbeitern geglaubten Motiv der sozialen Verantwortung, sprich der Unterstützung des jeweiligen Mitarbeiters umsetzte, wurde das Ziel trotz zusätzlichem Druck mit viel Spaß erreicht.

Analyse und Hintergrund: Zeitpunkte in Arbeitsprozessen können nur hierarchisch höher stehende Mitarbeiter setzen. Diese Aufgabe verknüpft mit der nachhaltigen Kontrolle ist in der Praxis einer der wichtigsten Aspekte, der eine Führungskompetenz beschreibt. Wie die Praxis aber auch zeigt, häufig auch eine der emotional schwierigsten.

Als weitere Formulierung für **T** findet sich in der Literatur auch Teamorientiert, da aber auch Einzelkämpfer, z.B. Key Accounter, Ziele haben, kann dies nicht verallgemeinert werden.

I   Individuell beeinflussbar. Sicherlich ist ein Ziel, das nicht individuell beeinflussbar ist, auch in der Regel wenig attraktiv oder realistisch. Da dieser Punkt aber für die Umsetzbarkeit im Arbeitsalltag besonders wichtig ist, wird er hier gesondert aufgeführt.

Wird ein Ziel so formuliert, dass der Einzelne nach seinem Empfinden wenig oder gar keinen Einfluss auf das Ergebnis hat (z.B. Cost-Income-Ratio des Gesamtunternehmens von unter 0,5) wird er diesem Ziel nicht aktiv folgen. Ist das Ziel dagegen so formuliert, dass sein persönlicher Einfluss auf die Zielerreichung unmittelbar klar wird (z.B. maximal X Reklamationen pro Monat oder Mindestdurchschnittsmarge von Y %) wird der Mitarbeiter dieses Ziel auch aktiv verfolgen und damit auch dem Unternehmensziel dienen.

Situation: In einem regional bedeutenden Unternehmen der Dienstleistungsbranche gab es im Rahmen des Zielsystems, das in der Endauswertung über unterschiedliche Unterziele additiv verknüpft war, die Kennzahl CIR des Bereichs. Aufgrund der schlichten Größe der unterschiedlichen Bereiche war eine fühlbare Veränderung der Kennzahl durch den einzelnen Mitarbeiter nicht möglich.

Insbesondere wussten die Mitarbeiter, dass beispielsweise Umbauarbeiten an Gebäuden die dem Bereich zugeordnet waren, diese Kennzahl massiv beeinflussen konnten, ohne dass selbst der Bereichsleiter eine Einflussmöglichkeit hatte. Besonders frustrierend dabei war, dass diese Umbauten von der Organisationsabteilung – d.h. für den Vertrieb des Unternehmens von außen – willkürlich angeordnet werden konnten. Bereits Veränderungen in der Büroausstattung konnten zu einem Ranking führen, das mit der eigentlichen Leistung der Abteilung nichts zu tun hatte.

Die Wirkung war die einer exogenen Kennzahl, die aus Sicht der Mitarbeiter per Zufallsgenerator die Komponenten Glück und Pech in das Leistungsmesssungssystem einführten.

Ein Bereichsleiter bestand allerdings darauf diese Kennzahl zu belassen. Grund: Da alle Bereiche diese Kennzahl hatten, die überall sehr ähnlich war, wurden doch nur die Unterschiede zwischen Bereichen nivelliert. Ein Effekt, der aus seiner Sicht für die Motivation wichtiger war als die Nicht-Veränderbarkeit. Dies hätte aber nur dann gestimmt, wenn die Führungskraft das einzige funktionierende Gehirn gehabt hätte.

Analyse und Hintergrund: Es hat sich bewährt, wenn Mitarbeitern die Verknüpfung ihrer Ziele mit den Unternehmenszielen bekannt ist. Es ist deshalb auch im Rahmen einer Vertriebskampagne oder eines Veränderungsprozesses sinnvoll, die Zielhierarchie vom individuellen Mitarbeiterziel bis zum Unternehmensziel - beispielsweise "Gewinnwachstum" – aufzuzeigen. Die Überraschung wird nicht groß sein, denn nur die wenigsten Mitarbeiter glauben an den Altruismus ihrer Unternehmensleitung.

Wenn Menschen an etwas arbeiten, dass mit ihrem Wertesystem kompatibel ist, ist die Motivation deutlich höher, als wenn sie sich für eine „Black-Box" oder ein vermutetes, wahrscheinlich negativ besetztes Wertesystem engagieren sollen.

Der Taylorismus ist letztendlich gescheitert, weil die Mitarbeiter einer betriebswirtschaftlich optimierten Prozesskette nicht mehr wussten, was sie eigentlich taten und geistig verarmten. Wird Mitarbeitern der Sinn „ihrer" Kennzahlen erläutert und insbesondere auch ihre Bedeutung im Zusammenhang mit der Überlebens- und Wettbewerbsfähigkeit IHRES Unternehmens aufgezeigt, werden sie mit hoher emotionaler Energie am Erreichen dieses Ziels arbeiten, selbst wenn es tatsächlich fehlerhaft ist.

Situation: In einem perfekt durchrationalisierten Unternehmen mit extremer Lean-Management-Philosophie, d.h. viel zu großen Führungsspannen aber exzellenter Kostenstruktur, da zwei Führungsebenen gestrichen werden konnten, hatte ein Projektteam aus internen Führungskräften mit Unterstützung eines externen Beraters ein zu obiger Philosophie passendes Führungshandbuch entwickelt.

Aufgrund einer Führungsspanne von bis zu 25 Mitarbeitern war die Kommunikation der Führungskräfte mit den Mitarbeitern vollständig durchstrukturiert worden. Als Nebeneffekt erlaubte dies jeweils der nächsten Führungsebene auch eine scheinbar einfache Kontrolle des Führungsverhaltens, da ja nur der Kalender kontrolliert werden musste.

Im Rahmen der Entwicklung durch eine interne Projektgruppe wurden Führungsziele definiert, die scheinbar klar und einfach zu überprüfen waren und damit den Vertrieb noch effizienter machen sollten: Jede Führungskraft führte ein 30 minütiges Gespräch mit jedem Mitarbeiter alle 14 Tage. Die Termine wurden im Kalender der Führungskraft weit voraus geblockt, um auch die Bedeutung deutlich zu machen. Desweiteren wurden regelmäßige Team- oder besser Großteamrunden fixiert, die den Namen „Vertriebssitzung" bekamen.

Der Führungsstil war im Wesentlichen autoritär, da Zeit gespart werden musste. Diskussionen und Erfahrungsaustausch in kleinen Projektgruppen kosteten Zeit und konnten daher nicht mehr der wesentliche Teil der Führungsarbeit sein. D.h. aber auch, die Mitarbeiter waren nicht mehr Beteiligte sondern nur mehr Betroffene, das Ergebnis des Arbeitsprozesses hing letztlich nur noch von der Fehlerquote der Führungskraft ab.

Eine Intervention gegen diesen weder individuellen noch situativen und damit wenig effektiven Führungsprozess wurde hochemotional abgelehnt, denn schließlich wurden, wie in jedem „guten" Führungsfachbuch nachzulesen ist, im Entstehungsprozess der neuen Struktur strategisch scheinbar intelligent, Betroffene zu Beteiligten gemacht. In diesem - von einem „Profi in Moderation" gesteuerten Prozess – wirkte die Emotionalität hier aber genau in die falsche Richtung. Denn gerade in einer so entscheidenden Frage der Prozessoptimierung galt wieder der alte Merksatz: Auch geballte Inkompetenz ersetzt keine Kompetenz in der Führungsarbeit - schade!

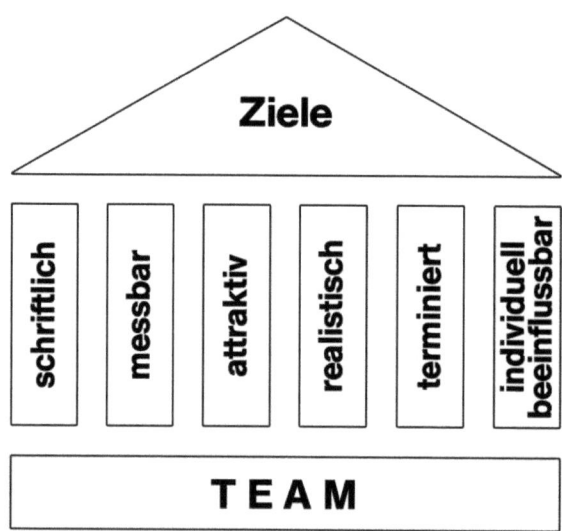

Abbildung 5 (Eigene Darstellung in Anlehnung an E. Götz (2005), S. 53)

Analyse und Hintergrund: Diese – in der obigen Abbildung nochmals dargestellten - Grundregeln für Ziele gelten so fixiert nur bei passender politischer Unternehmenssituation.

Liegt eine gute Führungssituation vor, d.h. handhabbare Führungsspanne, klare Kommunikationswege, friktionsfreies Organigramm, offene, dem Unternehmenszweck gegenüber loyale Mitarbeiter und Führungskräfte, dann sollte eine Zielformulierung für die Mitarbeiter diesen Vorgaben folgen. Denn genau dann kann das Management-by-Objectives-Konzept effektiv und erfolgreich angewendet werden. Insbesondere im konzeptionellen Vertrieb oder einer klar strukturierten Produktion wird so die Effizienz der Führungsarbeit erheblich gesteigert: Die Führungskraft motivierter Mitarbeiter bekommt so Freiräume für kreative Tätigkeiten für das gesamte Team, für die gezielte Förderung einzelner Mitarbeiter, Projektarbeit im Unternehmen und nicht zu vergessen die eigene Karriere.

3.2. Die Zielformulierung als kreativer Prozess

Die Krux der Zielformulierung liegt im Detail. Je genauer die Formulierung desto einfacher das Zielverständnis. Aber gleichzeitig gilt auch, desto geringer die Handlungsspielräume im Prozess und wie beschrieben, desto geringer die motivatorische Wirkung. Hier muss eine Fallentscheidung getroffen werden, situativ und abhängig von der Teamstruktur. Was damit gemeint ist, lässt sich am einfachsten anhand des Beispiels von Dietrich Dörner aus der „Logik des Misslingens" zeigen:

„Man muss Ziele haben, um eine Basis für das Planen und das Verhalten zu haben. Nun sagt es sich leicht: ‚Mach dein Ziel konkret!'; es tut sich aber schwer. Bleiben wir beim Schachspiel: Soll man, damit man ein spezifisches Ziel als klaren Richtungsgeber für das Planen von Handlungen hat, schon vor dem ersten Zug festlegen: "Der König muss auf H1 stehen, meine Dame auf D2, gedeckt durch den Läufer auf G3. ... Dann ist er schachmatt."

Das wäre ein sehr konkretes Ziel; zugleich wäre es wenig intelligent, in der Anfangsphase ein solches Ziel festzulegen ... Denn weiß man, wie sich die Sache entwickelt? Man gestaltet das Spiel ja nicht allein! Man muss bereit sein, Gelegenheiten zu ergreifen, die sich während des Spiels ergeben. Eine allzu weitgehende Festlegung des Endziels zu einem frühen Zeitpunkt kann stören, da man sich dadurch den freien Blick auf den möglichen Gang der Entwicklung verstellt. Eine allzu starre Festlegung kann Flexibilität zerstören und durch den Verlust der Handlungsfreiheit und negativ erlebter Ergebnisse die Motivation, sprich den Lustwillen, gegen Null fahren.

Gerade in einer projektorientierten Führung, ist auf der einen Seite der Freiraum zum „Schachmatt", aber gleichzeitig ist auch die Einhaltung der Zieleigenschaften wichtig. Jedes einzelne Teilprojekt muss kontrolliert werden können. Soll ein Bündel an Projekten bearbeitet werden, muss eine Hierarchiebildung möglich sein. Wenn, wie in Stabsabteilungen häufig der Fall, die Festlegung objektiver, skalierbarer Ziele schwierig ist, sind subjektive, von der Führungskraft frei gewählte Formulierungen sinnvoll. Der Sinn liegt in der persönlichen Bewertung durch die Führungskraft und dient somit der Leistung des eigenen Teams. Insbesondere wenn das Team in die Quantifizierung und in einem definierten Rahmen in die Zielformulierung mit eingebunden wird, kann dies keine externe Bedrohung darstellen.

Trotzdem sollte immer beachtet werden, dass in Stabsabteilungen einfache Arbeitsanweisungen häufig viel sinnvoller sind als künstliche Ziele. Wenn man so will entsteht hierdurch ein simples Zielsystem, in dem die Führungskraft eine einfache Zielvorgabe formuliert:

Jedes Teammitglied hat seine Arbeitsanweisungen im Sinne der sinnvollen Erfüllung seiner Aufgabe zur Erreichung des Unternehmensziels zu erfüllen.

Eine solche Formulierung gibt der unmittelbaren Führungskraft den Freiraum, der sich aus „der sinnvollen Erfüllung seiner Aufgabe zur Erreichung des Unternehmensziels" ergibt. Eine solche Formulierung öffnet das weite Feld der internen Verbesserungsvorschläge und gibt die kompetenzabhängige Möglichkeit einer situativen Interpretation des niedergeschriebenen „Gesetzes" zum Vorteil des angestrebten Unternehmensziels. Ein stumpfes Folgen der Anweisung wird so ausgeschlossen und ermöglicht so trotzdem eine klare Leistungsbeurteilung jedes Mitarbeiters.

Ein Zielsystem sollte in einem Unternehmen niemals zum Selbstzweck werden. Ein Zielsystem ist immer ein Instrument, das der Führungskraft helfen soll einen effizienten und im Sinne des Unternehmens erfolgreichen Führungsprozess zu gestalten.

Werden komplexe Kennzahlensysteme – wie beispielsweise die Balanced Score Card – in überschaubaren Kommunikationssystemen, wie dies nationale, regionaltätige Unternehmen eigentlich immer darstellen, für Zielsysteme eingesetzt, führt die Bedienung der Zielfunktion zu erheblich höheren Kosten und trägt damit zu erheblichen Ineffizienzen bei. Knapp formuliert, sie stiehlt den Führungskräften mehr Zeit, als die direkte Überwachung des Prozesses mit anschließender Kommunikation ins Unternehmen kosten würde.

Situation: In einem deutschlandweit tätigen Unternehmen hatte die zweite Führungsebene nach einer organisatorischen Neustrukturierung die Aufgabe erhalten, ein in der neuen Situation praktikables Zielsystem zu entwickeln. Neben der Schwierigkeit Stabsfunktionen für ein betriebswirtschaftliches Zielsystem operationabel zu gestalten, trat ein menschliches Problem auf. Es war allen Kollegen bekannt, dass sich ein Vorstand besonders auf Kontrolle verstand.

Die Aussage der Kollegen war, dass für diese Person die Funktionalität der Kontrolle, die ihr Sicherheit gab, genauso hoch gewichtet wurde, wie der Prozess an sich. D.h. für diese Führungskraft erfüllte die Kontrolle einen ganz persönlichen Zweck. Sie gab ihm Sicherheit und war die Basis seiner Entscheidungen, selbst – oder besser - gerade weil er von den dahinterstehenden Aufgaben teilweise inhaltlich wenig Kenntnisse oder Verständnis hatte – aber sie hielt sein Arbeitsfeld in der Geschäftsführung – aus seiner Sicht - operationabel.

Die Runde der operationalen Leiter beschloss vor diesem Hintergrund auf die Schriftlichkeit und die eindeutige Messbarkeit der Zielfunktion in der Kommunikation nach oben zu verzichten. Aus der Sicht der zweiten Ebene würden beide Zieleigenschaften nicht dem Unternehmensziel dienen. Anders formuliert, die harte – bisher schon erlebte – Kontrolle würde der Lust am Arbeiten, d.h. der intrinsischen Motivation der Mitarbeiter mehr schaden als nutzen. Eine definitionsgemäße Formulierung des Zielsystems würde also für das Unternehmensziel eher abträglich sein.

Es wurde aber auch klar formuliert, dass in der Kommunikation „nach unten" selbstverständlich, sowohl die Schriftlichkeit als auch die Messbarkeit gegeben sein sollte, es sollte allerdings kein entsprechendes Formblatt geben oder eine ähnlich lautende Wortwahl in der Überschrift auf der zu treffenden Vereinbarung stehen.

Analyse und Hintergrund: Wenn für ein Projekt, ein Ziel nicht SMARTI sondern vielleicht nur ARTI sein kann, dann reicht dies aus, wenn eine Zielbewertung im Sinne des Unternehmens möglich ist. Eine Führungskraft muss in dieser Situation entscheiden, ob das Ausnutzen der Freiheit dem Erreichen des Unternehmensziels dient oder nicht. Häufig führt das Mehr an Freiheit zu mehr Teamleistung.

Das bei einem relativ freien Vorgehen Fehler passieren, liegt in der Natur der Sache, diese können aber durch das Nutzen als Erfahrungswissen positiv gewandelt werden. Eine sinnvolle und archivierbare Aufbereitung durchgeführter und abgeschlossener Projekte bewährt sich gerade an dieser Stelle sehr stark. Die Einführung eines narrativen Prozesses in einer Projektnachbearbeitung bietet sich an. Tatsächliche, echte Protokolle mit erzählerischem Charakter können Erfahrungswissen speichern und für nachfolgende Veränderungsprozesse abrufbar und damit nutzbar machen. Hier ist das, was beim Militär Manöverkritik genannt wird, vorbildlich.

Die Entscheidungsgrundlage, die ins Zentrum zu rücken ist, ist der Aufwand und der Nutzen der Zielformulierung. Sinnvoll ist aber in den meisten Fällen eher eine Krücke als ein Schweben im vollkommen freien Raum ohne jegliche Ziele. Ein Test mit Hochleistungssportlern, die man aufforderte so schnell zu laufen wie es irgendwie geht, da man die Höchstgeschwindigkeit messen wolle, hat gezeigt, dass keiner der Probanden so schnell lief, wie in einer Situation mit Zielband. Erst die Wahrnehmung des Zielbands ließ die Sportler ihre Höchstleistung erreichen. Besser kann die Bedeutung, der Sichtbarkeit von Zielen kaum illustriert werden. Ein Ziel hatte man ihnen vorher auch genannt, aber erst die „Schriftlichkeit" verursacht die gewünschte Wirkung.

Situation: Ein weltweit tätiges, hochspezialisiertes Unternehmen der Baubranche zeichnete sich durch eine gesunde finanzielle Situation bei stabilem

Wachstum aus. Die bearbeiteten Projekte waren häufig auszeichnungswürdig und ließen eine gewisse Einzigartigkeit und Kreativität nach außen treten.

Die Führungssituation war gekennzeichnet durch einen Visionär, der es erreicht hatte, dass seine Führungscrew von Spezialisten sich ideal ergänzte. Das Wachstum hatte aber auch dieses Unternehmen an eine Grenze geführt, die eine weitere Führungsebene erforderte und damit auch mehr Kreativität von den Mitarbeitern verlangte.

In einem Prozess wurden zunächst die Weichen in der Geschäftsführung gestellt, die nun von den Mitarbeitern genutzt werden sollten, denn die Wege waren dem Vorstand klar. Aus der vergangenen Entwicklung heraus musste jeder Mitarbeiter nur seine Schlüsse ziehen.
Und hier begann die Schwierigkeit. Auch Verantwortung musste erfahren und gelernt werden. Wer das „Glück" hatte jahrelang einem erfolgreichen Visionär zu folgen, verlor die Fähigkeit selbst zu denken und kreativ zu werden. Neben der entspannten Rolle, der Übervater wird's schon richten, trat nun plötzlich auch ein Verantwortungsdruck. Dieser neuen Situation war nicht jeder Mitarbeiter gewachsen und deshalb mussten einige Positionen mehr oder weniger freiwillig neu besetzt werden.

Analyse und Hintergrund: Es ist ideal, wenn sich aus der Zielmetrik Trends ableiten lassen, denn nur eine dynamische Betrachtung macht in der lebenden Unternehmenswelt Sinn. Egal ob sich das Unternehmen im blauen Ozean der Nischen befindet oder im roten Ozean des Wettbewerbs, ein Ozean ist bewegt und steht nicht still. Um Zukunft gestalten zu können, braucht eine Führungskraft die Fähigkeit ein Bild, das über Erfahrungswissen zu einer Modellbildung führen kann, zu entwickeln.

Zu beachten bleibt allerdings, Erfahrungswissen war immer gestern, abgeschätzt wird die Zukunft und das bedeutet Entscheidungen unter Unsicherheit, die Mut und Selbstvertrauen erfordern, die nicht einfach verordnet werden können. Eine vollständige Beseitigung der Unsicherheit kann auch die Nutzung von Erfahrungswissen nicht leisten, da ja wenigstens eine Veränderung Teil des Prozesses ist. Aber eine Orientierung zu haben, gibt in jedem Fall mehr Sicherheit.

Die Besonderheit der Messbarkeit liegt im Allgemeinen in der Möglichkeit Modelle über eine Welt bilden zu können, die den Entscheidungsprozess vereinfachen. Messbarkeit führt oft dazu, dass Schwankungen in den erzielbaren Ergebnissen in einer Szenario-Analyse skaliert werden können. Damit bekommt der Entscheider die Möglichkeit mit Volatilitäten zu rechnen und Abschätzungen über Erwartungswerte zu konkretisieren.

Zu beachten ist, dass Modelle nicht die Wirklichkeit abbilden wie ein Foto, sondern bestenfalls wie eine Skizze, d.h. die dem Modell zugrunde liegenden Funktionen und Verteilungen sind mit Vorsicht zu wählen und zu interpretieren. Bei unsicheren Märkten und besonders bei pathologischer Unternehmenspolitik, haben Verteilungen häufiger als erwartet Ausprägungen am äußeren Rand der Verteilung. D.h., dass von der scheinbar rationalen Erwartung geprägte Handeln führt zu sehr unwahrscheinlichen Ergebnissen – sowohl im positiven wie - und das ist das bedauerliche - auch im negativen Sinne.

Das Schicksal des Truthahns am Thanksgiving Day, der bis dato immer um 10:00 Uhr gefüttert wurde oder ein Erdbeben der Stärke 9,0 auf der logarithmischen nach oben offenen Richter-Skala, das eigentlich so nicht vorkommt, ist fast immer auch eine Option und muss - da im negativen Falle häufig existenzgefährdend – immer mit betrachtet werden.

3.3. Die Unternehmenspolitik als Störfaktor

Situation: Ein regional verwurzeltes Unternehmen, aufgeteilt in 11 Vertriebsbereiche, beschloss eine Vertriebsunterstützung durch Führungstraining für die operationalen und organisierenden Führungskräfte. Während sich das Engagement der Teilnehmer auf der unteren, der den Alltag organisierenden Führungsebene durch gegenseitige Unterstützung und offene Diskussion von Erfolgserlebnissen auszeichnete, war das Training auf der oberen, der operationalen Ebene, durch Schweigen und einfachen Konsum geprägt.

Einzelne Beiträge von Kollegen wurden notiert, nicht diskutiert. Die operative Spitze des Unternehmens wünschte sich keine Weitergabe von guten Ideen, jeder hortete sein Erfahrungswissen, denn Wissen wurde als Macht empfunden. In dieser Situation für das Unternehmen allerdings Ohnmacht, denn niemand bewegte sich aus seinem Verantwortungsbereich hinaus.

Analyse und Hintergrund: Dieser Zustand ist ein Bild für ein klassisches Beispiel einer pathologischen Unternehmenspolitik. Es beschreibt die Tatsache, dass in einem Unternehmen in dem mit Zielen geführt wird, es häufig zu dem verblüffenden Ergebnis kommt, dass die Rangfolge der Abteilungsergebnisse, der auf einer Hierarchieebene arbeitenden – und damit in diesem Fall systemimmanent, konkurrierenden - Führungskräfte wichtiger wird, als der absolute Erfolg für das Unternehmen.

D.h. es ist in solchen Unternehmen wichtiger und ist im Ansehen der Vorstände besser - mit 80 % Zielerreichung 1 % besser zu sein als der „Konkurrent" – eine Führungskraft der gleichen Ebene im gleichen Unternehmen nur in einer anderen Region bzw. einer anderen Aufgabe - als eine Zielerreichung von 120 % zu haben, aber dafür 1 % schlechter zu sein als die anderen.

Diese für das Unternehmen schlechte Situation, lässt sich aufgrund des Karriere-Wunschs der einzelnen Führungskraft immer wieder beobachten. Die Anreize so zu setzen, dass es in erster Linie wichtig ist, möglichst viele Bereiche über 100 % zu heben, ist hier nicht gelebte Praxis.

Die Schwierigkeit liegt darin, dass selbst optimierte Organisationen und Prozesse in der Formulierung des Zielsystems beim Faktor Mensch die falschen Anreize wecken. Für den theoretischen Homo oeconomicus ist es klar und selbstverständlich, dass die Maximierung des eigenen Nutzens auch den Unternehmensnutzen maximieren wird. Für den nicht-rationalen Homo erectus werden deshalb Zielsysteme falsch formuliert.

Das Ergebnis sind Fehlentwicklungen, die wie ein Krebsgeschwür wachsen und wuchern können. Die Unternehmensleitung sieht schlechte Kennzahlen und fühlt sich zum Eingreifen gezwungen. Natürlicher- und aus der Sicht des Vorstands vernünftigerweise werden dann von der Unternehmensspitze als Ansprechpartner nur die erfolgreichen Führungskräfte gewählt. Diese geben aber den persönlichen Zielen den Vorzug und nicht dem Ziel, die Unternehmenssituation zu verbessern, wie dies trotz falscher Anreize, die Vorstände unterstellen. Entsprechend ist die Qualität der Informationen, die geliefert werden. Der Herberger-Spruch „Elf Freunde müsst ihr sein" gilt hier nicht.

Dieses für das Unternehmen irrationale Verhalten, kann für den Einzelnen sehr rational und über einen bestimmten Zeitraum sogar optimal sein. Die Problematik, dass die Maximierung des individuellen Nutzens nicht den Nutzen der Gesamtheit optimieren muss, hat ja bereits der amerikanische Nobelpreisträger Nash gezeigt.

Situation: In einer angespannten Marktsituation, die innerhalb der Branche auch durch Übernahmen und Fusionen geprägt war, stieg einer der großen Spieler, d.h. einer der Marktführer, in ein aggressives Vertriebsprojekt ein. Der Vorstand hatte erkannt, dass sich die Vertriebsergebnisse am schnellsten durch eine aggressive Führungspolitik kurzfristig steigern ließen. Es wurde deshalb ein Projekt über alle Führungsebenen des Unternehmens ausgerollt, dass nur ein Ziel hatte: die Verbesserung des Vertriebsergebnisses.

Die Personalabteilung hatte ein Konzept einer ganz engen Führungspolitik entwickelt, dass mit psychologisch sehr problematischen Instrumenten arbeitete. Zentraler Punkt waren Montagsrunden der einzelnen Vertriebseinheiten, in denen die Führungskräfte von jedem Mitarbeiter die Planung der kommenden Woche erfahren sollten und in denen vor allem die „Schlechtleister" vor versammelter Mannschaft eine Rechtfertigung für ihre niedrige Vertriebsqualität abgeben mussten.

Es gehörte zum Ziel des Projekts, dass diese Vorgehensweise lückenlos umgesetzt werden musste. Ansonsten drohten Maßnahmen, die von der Ermahnung bis zur Entlassung reichten.

Kombiniert wird diese Aktion durch eine aggressive Vertriebspolitik in der jeweils „Produkte des Monats" an die Kunden gebracht werden sollten, mit klar fixierten Quantitäten, dabei spielte das Kundensegment keine Rolle. Der Ruf „Drückertruppe" machte selbst intern die Runde.

Auf dem Höhepunkt der kritischen Marktsituation stand das Unternehmen kurz vor dem Kollaps.

Obwohl das Projekt kurzfristig tatsächlich das gewünschte Ergebnis erzielte, die Vertriebszahlen zogen an, landete das Unternehmen mittelfristig in den Medien und nur die geballte Macht des Werbebudgets der Branche verhinderte, dass aus einzelnen Artikeln ein Forum und ein Netzwerk im Internet entstand.

Einige Mitarbeiter wichen dem Druck aus und verließen das Unternehmen. In der Branche wurden immer gute Mitarbeiter gesucht und insbesondere was die Vertriebsergebnisse und die Qualität seiner Spezialisten anging, hatte das Haus einen guten Ruf am Markt.

Analyse und Hintergrund: Zusammenfassend gilt für den Führungsalltag in vielen Firmen, dass die individuellen Ziele einer für das Unternehmen pathologisch agierenden Führungskraft häufig die unternehmensorientierte Zielerreichung einer funktionierenden Abteilung eher belastet. Dies liegt in der Konkurrenzsituation jeweils erfolgreicher Strategien des Unternehmens auf der einen und des Managers auf der anderen Seite. Der Einäugige unter den Blinden zu sein, ist die deutlich karriereträchtigere Strategie, als Teil eines erfolgreichen Teams sehender Erfolgsgaranten – aber eben nur an zweiter Stelle - zu sein.

Aggressive Führungskonzepte werden zu kurzfristigen Ertragssteigerungen erfolgreich eingesetzt. Es gilt die Maxime, dass eine langfristige Strategie sinnlos ist, denn wie John Meynard Keynes zwar in einem ganz anderem Zusammenhang einmal formuliert hat: Langfristig sind wir alle tot.

Unterwirft sich ein Unternehmen diesem Diktat, ist das Ergebnis in der Regel wenig erfreulich. Es wirkt die Kontrafinalität. Mittel- bis langfristig passiert genau das, was vermieden werden sollte: Die teilweise kurzfristig positiven Ergebnisse werden gefolgt von zunächst punktuellen Einbrüchen. Diese entstehen durch zunehmende Fluktuation und abwanderndes Erfahrungswissen, die den Wettbewerb stark machen und in der Folge den Kopf der operationalen Führungsebene kosten oder tatsächlich in die nächste Fusion führen.

Häufig werden zwei Aspekte vergessen. Zunächst, dass die letzte Macht im Vertrieb immer beim Handelnden liegt und zum zweiten, dass der Markt kein Staatsmonopol darstellt, dem mit einer ausgeklügelten Fünf-Jahres-Planung beizukommen ist. In einem lebenden Organismus „Unternehmen" führt deshalb eine pathologische Politik auf Dauer zwingend zu einer natürlichen Marktreaktion des Wettbewerbsfaktors „Mitarbeiter".

Mitarbeiter, die übermäßigen Druck erleben, verlassen über kurz oder lang ein Unternehmen. In diesem Zustand wirkt der Markt dann doppelt: Die Buschtrommel innerhalb einer Branche ist von Unternehmen nicht zu kontrollieren. D.h. die Konkurrenz erfährt von der Wechselwilligkeit im Unternehmen und unterstützt die Stimmung über Personalberater mit entsprechenden Angeboten.

D.h. im marktüblichen Verhalten führt eine pathologische Unternehmenspolitik mit ungenügenden Zielsystemen zu einer systemimmanenten Verstärkung des negativen Effekts. Insbesondere die besten Handelnden verlassen das kranke System und wechseln teilweise in ganzen Teams zur Konkurrenz.

4 DER UMGANG MIT FEHL-LEISTUNGEN

4.1. Die negative und die positive Einflussnahme

Situation: In einem mittelständischen deutschen Vertriebsunternehmen hatte sich der Vorstand entschlossen schlechte Vertriebsleistungen entsprechend zu honorieren. Die Leistungen im Unternehmen waren ansonsten so gut, dass geplant wurde, ein anderes kleineres Unternehmen aus der gleichen Branche zu übernehmen, d.h. die gesamte Unternehmenssituation war gut.

Als Vorbild für seine als Motivationsinstrument gedachte Maßnahme hatte sich der Vorstand die „silberne Zitrone" des ADAC ausgesucht, die vor einigen Jahren in einem jährlichen Rhythmus für das schlechteste Auto des Jahres verliehen wurde.

Da die Vertriebsziele nicht an Potentiale geknüpft waren, sondern an die Kopfzahl der Kunden, kristallisierten sich bald eine Handvoll Teams heraus, die die Zitrone unter sich ausmachen würden. Da diese in der Mehrzahl wiederum zu einem Regionalbezirk gehörten, wurde die Stimmung dieses großen regionalen Teams immer schlechter. Der Umgang miteinander war nun geprägt durch Konflikte und gegenseitige Missgunst, da wo früher gegenseitige Hilfe das Bild bestimmt hatte.

In der Folge resignierten die meisten Mitarbeiter, da sie erkannten, dass sie „eh" keine Chance hatten. Damit wurde die Leistung nun auch von der intrinsischen Motivationsseite her schlechter, es machte einfach keinen Spaß mehr!

Analyse und Hintergrund: Bei negativen Sanktionen ist insbesondere die geringe Nachhaltigkeit zu beachten. Wie DeMarco formulierte: „Druck lässt Menschen nicht schneller denken", er wirkt nur als kurze Aktivitäten-Steigerung und führt in der Regel entweder zu starker Reaktanz oder Resignation.

Die Reaktanz mündet in Umgehungskreativität. D.h. die Mitarbeiter versuchen, nachdem sie zur Druckreduktion kurzfristig ihre Leistung hochfahren, in der Folge einen Weg zu finden, dem Druck auszuweichen, ohne ihre Aufgabe zu erfüllen. Damit erreichen sie zwei befriedigende Ergebnisse: Rache und weniger Druck.

Die zweite Alternative, die Resignation, führt zu einem Mitarbeiterverhalten, das insbesondere keine Loyalität zum Unternehmen mehr zeigt. In der Folge muss jede Handlung angewiesen werden, die Eigeninitiative bleibt auf der Strecke. In jedem Fall arbeiten die Kollegen über kurz oder lang nicht mehr aktiv an der vorgegebenen Zielerreichung.

Ein überzeugendes Beispiel hierfür sind Führungskräfte die lernen, wie sie den Zieldruck über eine „geschickte" Informationspolitik aushalten können. Zunächst gilt es lächelnd den Druck der Zielvorgaben auszuhalten, d.h. in keine Diskussion einzusteigen, die, wie die Erfahrung zeigt, „sowieso nichts bringt" außer einer verschärften Kontrolle durch die nächste Führungsebene. Wenn sie dann nach einigen Tagen bemerken, dass eine relativ hohe – zwar nicht ganz richtige Information über den Stand der Zielerreichung und der Aktivitäten - dazu führt, dass sie in Ruhe gelassen werden, entwickelt sich in der Regel eine grundsätzliche Verhaltensänderung. Die Führungskraft hat nun gelernt, zukünftig wird sie jede Informationsweitergabe strategisch auf ihre Folgen durchdenken.

D.h. egal wie die potentiellen Zahlen tatsächlich sind, werden sie die Quantität immer so wählen, dass sie in Ruhe gelassen werden, denn zu gut ist auch nicht gut. Über diesen reaktanten Weg schalten sie ihre Führungskräfte aus und entwickeln dann ihren eigenen Stil – und dies häufig zum Nutzen des Unternehmens.

Für den Vorgesetzten ist die Folge ein Verlust der Steuerungsmöglichkeit. Die Basis der Steuerung ist die Kontrolle des Ist-Zustands, sind die Informationen falsch, ist in der Folge die Steuerung fehlerhaft. Sind die Anreize falsch gesetzt oder ist der Druck zu hoch, wird ein Weg an der Kontrolle der Führungskraft vorbei gefunden. Einen solchen Weg gibt es immer, da die Führungskraft nicht permanent der Begleiter des Mitarbeiters sein kann. Deshalb führt dann das Erteilen einer Anweisung manchmal nicht zum gewünschten Ergebnis.

In einer solch verfahrenen Situation wird dann von verzweifelten Führungskräften häufig ein weiteres toxisches Instrument eingesetzt - die Drohung oder besser: Die Bedrohung mit einer Sanktion. Dieses Instrument, dass die meisten Menschen schon aus ihrer Kindheit kennen, ist für einen sinnvollen Steuerungsprozess in einem Unternehmen wenig hilfreich. Selbst gute Dompteure von Tieren lehnen diesen Weg, als wenig hilfreich ab. Trotzdem ist er bei Führungskräften – menschlichen Dompteuren – Alltag.

Situation: In einem regional sehr bedeutenden Unternehmen, dass vor Ort zu den wichtigsten Arbeitgebern zählte und mit stationären Vertriebseinheiten in überschaubaren Vertriebsgebieten arbeitete, besuchte eine Führungskraft eine Vertriebseinheit, deren Zielerreichung deutlich unterdurchschnittlich war. Es wurde ein Gespräch mit dem örtlichen Vertriebsverantwortlichen angesetzt.

Es gab in den letzten Monaten einige Gespräche, bei dem die schlechten Vertriebszahlen immer mal wieder Thema waren. Die Führungskraft schloss die Gespräche jeweils mit deutlichen Hinweisen darauf, was zu tun sei. Die Ideen des Teams waren nicht gefragt, denn „die" hatten ja bewiesen, dass sie „es" nicht konnten.

In der internen Kommunikation des Unternehmens bezeichnete diese Führungskraft die Kollegen als einen Haufen von Schwachleistern, die vom Vertrieb nun wirklich keine Ahnung haben würden und die man am besten alle rauswerfen sollte. Diese geringschätzende Einstellung war der Führungskraft bereits beim Betreten des Büros des örtlichen Vertriebsleiters sowohl in Mimik als auch in der Körpersprache deutlich anzumerken.

Die Frage dieser Führungskraft, was denn seit dem letzten Besuch passiert wäre, wollte der Leiter mit einer Reihe von Maßnahmen, die er auf einem Blatt vorbereitet hatte, beantworten. Er wurde aber bereits im zweiten Punkt von seiner Führungskraft mit lauter Stimme und der Bemerkung unterbrochen: „Sie belügen mich! Nichts haben sie gemacht! Das sehe ich ja an ihren Zahlen!"

Der Teamleiter war wie vom Donner gerührt, die Hände begannen zu zittern, der Blick ging zum Boden - der Druck war spürbar und sichtbar. Ohne mit der Wimper zu zucken, fuhr die Führungskraft fort: „ Ich gebe ihnen jetzt noch zwei Wochen! Wenn bis dahin die Zielerreichung in diesen beiden Bereichen nicht ansteigt, werden wir ihre Position anders besetzen! Da sie das ja sowieso nicht schaffen werden, habe ich alles schon in die Wege geleitet!" Damit war das Gespräch beendet. In den folgenden Wochen passierte weder das eine noch das andere, der Teamleiter meldete sich nach einer Woche psychisch krank, Rückkehr offen.

Analyse und Hintergrund: Die Konstruktion – zu enger Zeitplan, eine Geringschätzung sowohl in der Sprache als auch in der nonverbalen und vokalen Kommunikation sowie eine deutlich negative Sanktion für den Einzelnen – bricht den Mitarbeiter, führt aber bereits auf mittlere Sicht nicht zu einer termingerechten Lösung der Aufgabe.

Die letzte Konsequenz einer Drohung, wirkt auch immer auf den, der die Drohung ausspricht: Tritt der Sanktionsfall ein, muss die Drohung Realität werden, im anderen Fall verliert die Führungskraft ihre Akzeptanz und führen wird schwer. Wenn Mitarbeiter lernen, dass negative Sanktionen im Allgemeinen nicht umgesetzt werden, ist Führen mit Zielen zum Scheitern verurteilt. Werden Drohungen in der eben geschilderten Form ausgesprochen und dann auch umgesetzt, werden die Mitarbeiter nicht mehr nur Druck, sondern auch Angst empfinden. Ein geistiger Zustand, der klares, sinnvolles Denken im Sinne des Unternehmens verhindert. Die Folge der Drohung ist aber in beiden Fällen im zukünftigen Verhalten des Teams sichtbar und dies nicht im Sinne der Zielerreichung.

Sinnstiftend ist eine Sanktion die negative Eigenschaften hat, die aber nicht nachhaltig negativ, sondern vom Ergebnis sogar eher positiv wirkt. Der Weg hierzu führt über die Brücke, die auch bei der Zielvereinbarung der Sinnstifter ist, Betroffene werden zu Beteiligten. Sind die Mitarbeiter an der Festlegung auch der negativen Sanktion beteiligt, werden sie nicht nur aktiver und motivierter daran arbeiten, sie zu vermeiden, sondern sollte sie greifen müssen, werden sie sie auch ohne nachhaltige negative Wirkung auf die Mitarbeiter-Führungskraft-Beziehung akzeptieren.

Situation: Nach einer massiven Zeit der Umstrukturierung und Durchrationalisierung stand ein Unternehmen kurz vor der Umsatzschwelle, bei der ein weiterer Lieferantenrabatt von erheblichem Ausmaß möglich war. Der Vorstand verkündete deshalb eine anspruchsvolle Vertriebsvorgabe für das letzte Quartal mit entsprechender Unterstützung durch Spezialisten und entsprechende Werbemaßnahmen.

Um die sehr anspruchsvolle Vorgabe zu erreichen, beschloss ein regionaler Leiter eine eindeutige Priorisierung des Themas, d.h. das gesamte Team konzentrierte sich für einen definierten Zeitraum nur auf dieses eine Thema. Die Führungskraft verkündete, dass sie für dieses Thema während des beschriebenen Zeitraums immer gestört werden dürfe. Neben dieser starken Konzentration nach innen wurde auch eine aggressive telefonische Terminakquisition mit Unterstützung der jeweiligen Teamassistenz umgesetzt.

Um aber auch eine entsprechende Abschlussquote im direkten Gespräch zu erreichen, wurden regelmäßige Vertriebssitzungen anberaumt mit nur einem Thema: „Wie können wir das sehr anspruchsvolle Ziel erreichen? Welche Strategien haben sich im Kundenkontakt als erfolgreich erwiesen? Welche Informationen kann jeder Mitarbeiter von einem Kollegen aufnehmen um noch leichter das Ziel zu erreichen?"

Die Rolle des Regionalleiters reduzierte sich hier im Wesentlichen auf die Beseitigung von Stolpersteinen und die Funktion des Moderators, der die Ergebnisse festhielt und das Gespräch am Laufen hielt, mit positiver Fehlerkultur. Er nutzte an dieser Stelle die sich entwickelnde positive Gruppendynamik. Die Mitarbeiter lernten schnell, dass die Zielerreichung auf diese Art und Weise für jeden einfacher wurde.

In der Kick-off-Veranstaltung der Vertriebskampagne informierte die Führungskraft über die Gesamtmaßnahme und leitete den Prozess der Entwicklung von Vertriebsideen ein. Nachdem vom Team so eine Reihe von Maßnahmen entwickelt und bestätigt wurden, stellte der Leiter die Frage nach der negativen Sanktion: „Was tun wir, wenn wir nach Ablauf der Hälfte der Zeit, nicht schon die Hälfte der Ziele erreicht haben?

Die Mitarbeiter machten nach kurzem zögern den Vorschlag, dann an einem Tag nach Feierabend noch einmal drei Stunden zu telefonieren, um dann auch noch die Kunden zu erreichen, die eventuell nur abends erreichbar waren. Der Leiter akzeptierte.

D.h. die Mitarbeiter hatten hier selbständig einen Teil ihrer freien Zeit angeboten, um eine weitere Möglichkeit zu bekommen, aktiv an ihrer Zielerreichung zu arbeiten.

Da die Zielerreichung nach der Hälfte tatsächlich erst bei 43 % war, griff die Maßnahme. Der Regionalleiter begleitete den Abend, bestellte Pizza für alle, sorgte für Getränke. Es wurden tatsächlich weitere Kunden erreicht, die Stimmung entwickelte sich sehr positiv. Es entstand das Gefühl eine Mannschaft zu sein, die sich gegenseitig half und unterstützte, auch wenn die Ziele mal sehr anspruchsvoll waren und die meisten alleine bei weitem überfordert gewesen wären. Das Team machte den Vorschlag, den Abend wöchentlich zu wiederholen, bis der Zielkorridor erreicht wäre.

Analyse und Hintergrund: Ein wesentlicher Aspekt an dieser Stelle ist der Realismus in der Zielformulierung für ein Team. Sowohl die Quantität als auch die qualitative Formulierung des Ziels, d.h. beispielsweise auch der Zeithorizont, beeinflussen die Motivation der Mitarbeiter als auch die Zielausrichtung durch die Führungskraft.

4.2. Die Reaktion auf Fehlentwicklungen

Die Möglichkeit einer Fehlentscheidung, ob vom Mitarbeiter oder der Führungskraft, kann nicht ausgeschlossen werden. Dort wo keine Fehler passieren dürfen, wie etwa in der Flugsicherung oder in Kernkraftwerken sind entsprechende Sicherheitsschleifen einzuziehen, die im Allgemeinen relativ teuer sind und die - wie beispielsweise Japan im Frühjahr 2011 zeigt - selbst dann nicht immer ausreichen.

Im normalen Unternehmensalltag, in dem Sicherungsschleifen teurer sind als die Kosten für einen Fehler ist der Aspekt Fehlertoleranz ein entscheidender Faktor in der Vorbildfunktion der Führungskraft. Teams, die über die Fehler einzelner Mitglieder in eine tiefe Konfliktsituation rutschen, sind wenig effektiv und leider keine Seltenheit. Hier wird eine Warum- und Jammer-Kultur gelebt, die sich mit der Vergangenheit beschäftigt und wenig Nutzen stiftet. Die Beschäftigung mit dem Was-können-wir-daraus-Lernen und Wie-können-wir-dies-zukünftig-vermeiden ist in solchen Systemen zweitrangig.

Zur Fehlertoleranz gehört aber auch ein Stop loss-Szenario, d.h. ein Punkt, ab dem eine Entscheidung revidiert werden sollte. Auch hier gilt beim Aufleuchten der Warnlampen: Nicht-Entscheiden ist häufig die falsche Entscheidung. Gerade bei Fehlern ist oft Geschwindigkeit gefragt.

Situation: In einem landesweit arbeitenden Unternehmen war in der Produktentwicklung eine neue Idee entwickelt worden, die aufgrund ihrer innovativen Kraft vom Leiter eindeutig favorisiert und mit höchster Priorität versehen wurde. Aufgrund informeller Kontakte auf Mitarbeiterebene kamen nun aber Zweifel an der Vertriebsmöglichkeit in der aktuellen, durch eine Sondersituation geprägten, Marktphase auf. Es wurde informell vereinbart, den Markt zu testen und im Gespräch zu bleiben.

Die realisierten Ergebnisse bestätigten die von den Mitarbeitern vermuteten Ergebnisse. In der Produktentwicklung wurde dieses Ergebnis von den Mitarbeitern präsentiert, begründet und ein Alternativvorschlag vorgestellt. Aufgrund des nun entstandenen Zeitdrucks war eine sofortige Entscheidung nötig. Der Gruppenleiter stimmte nach wenigen Modifikationen einer Umpriorisierung zu und stellte die Neuentwicklung zurück.

Ohne dass eine gesamte Hierarchie in Bewegung gesetzt werden musste, wurde diese für alle vorteilhafte Entscheidung informell vorbereitet. Ohne das große Vertrauen des Gruppenleiters in die Fach- und soziale Kompetenz seiner Mitarbeiter hätte das Unternehmen viel Kapital verloren.

Analyse und Hintergrund: In solchen Situationen zeigt es sich besonders, dass eingespielte Teams, die wissen, was es bedeutet, einen Fehler solidarisch auszubügeln und subsidiär füreinander einzustehen, deutlich im Vorteil sind. Nur eingespielte, einander vertrauende Mitarbeiter und Führungskräfte handeln in solchen Momenten selbständig und im Sinne des Teams und des Unternehmens. Ein Team, das seine Stärken kennt, lebt Synergie. Das was formell so schwer zu erreichen ist, wird informell häufig durch anspruchsvolle Aufgaben und genügend Freiraum durch die Führungskraft erreicht.

Unter Zwang gelingt dies nie, abgestimmte Kommunikation auf dem kurzen Dienstweg kann bei kriselnden Teams nicht erfolgreich angeordnet werden. Wenn die Angst um die eigene Zukunft dominant wird, an der häufig auch noch eine Familie hängt, fällt das Kohärenzgefühl zum Team und zum Unternehmen rapide ab.

Ein solcher Zustand wird in der Regel gerade dann erreicht, wenn Veränderungen anstehen. In diesem Moment gilt die Vorgabe für eine Führungskraft: „Der erste Tag zählt!" Schon vor dem eigentlichen Beginn des Veränderungsprozesses kann die Führungskraft Informationen zum Thema an die Mitarbeiter liefern. Je mehr Sicherheit, je mehr Vertrauen vorhanden ist, desto friktionsärmer läuft der Prozess ab.

Situation: Der Vorstand eines national tätigen Konzerns beschloss eine gravierende Prozessänderung. In einer intensiven und sehr konzentrierten internen Projektarbeit hatten ausschließlich Mitarbeiter des Unternehmens herausgefunden, dass durch einige Veränderungen und eine Verschiebung im Prozessablauf erhebliche Effizienzpotentiale gehoben werden könnten.

Ein Teil dieser Veränderung war ein Element, das die bisherigen Anweisungen geradezu auf den Kopf zu stellen schienen, aber tatsächlich nur mehr an anderer Stelle im Bedarfsfall eher unauffällig wieder auftauchte. Die Sinnhaftigkeit aber gerade dieser Veränderung ergab sich aus der Einbettung in den neuen Gesamtprozess, der die Effizienz erheblich erhöhte.

Da auch in Teilen der oberen Führungsebene insbesondere bei den alten Hasen die Skepsis groß war, zumal keine externe Beratung eingeschaltet wurde, beschloss man eine langwierige Pilotphase.

Da die Befürchtungen soweit gingen, dass man Angst hatte sich lächerlich zu machen, wurde Verschwiegenheit gegenüber den noch nicht betroffenen Mitarbeitern vereinbart, in der Hoffnung, dass wenn es daneben ging, keine „peinliche" Fehlerdiskussion aufkommen und zumindest die operative Führungsriege ihr Gesicht wahren könnte.

Diese von tiefer Überzeugung getragene Einschätzung verkannte die reale Firmensituation vollständig. Die unternehmensinterne Buschtrommel war nicht zu bremsen. Gerade die verstärkten Maßnahmen zur Geheimhaltung – eine Unmöglichkeit, wenn ganze Teams im Kundenkontakt stehend, als Pilotmitglieder fungieren – schienen wie ein Verstärker zu wirken, zumal ja offizielle und sichere Informationen vollständig fehlten, die Gerüchteküche kochte.

Schon während der Pilotphase wurde an den Kopierern und Kaffeemaschinen des Unternehmens die Unmöglichkeit des neuen Prozesses diskutiert, denn wer auf so einen Blödsinn kam, konnte nun gar keine Ahnung vom Unternehmen und seinen Standardprozessen haben. Gemeint war aber tatsächlich nur das bezeichnete Element, von dem alle „wussten", dass es falsch war! Die Widerstände gegen die Veränderung waren bereits zementiert, als die ersten Ergebnisse kamen.

Der Pilot erwies sich als sehr erfolgreich. Aber die Umsetzung nach den sehr erfolgreichen Pilotergebnissen stieß trotzdem auf massive Widerstände! Obwohl sich die Ergebnisse in der Folge überall bestätigten, dauerte der Veränderungsprozess schließlich Jahre.

Analyse und Hintergrund: Nur die Schnelligkeit der Informationsweitergabe und eine umfassende Offenheit besiegt an dieser Stelle die Buschtrommel. Ein Zögern und Verschweigen zu diesem Zeitpunkt führt in aller Regel zur Fehlinformation durch andere nicht kontrollier- und steuerbare Quellen. Die dann von den Mitarbeitern – oft auch nur gedanklich - eingeschlagenen falschen Wege wieder zu verlassen, ist dann sehr schwer, da der Schock jetzt auf zwei Veränderungen – die vermuteten und die tatsächlichen - und damit doppelt wirkt.

Die Mitarbeiter haben sich an den Kopierern und in der Raucherecke in einem eigenen Szenario-Prozess über die neue Situation informiert und sind der festen Überzeugung richtig zu liegen, denn verstärkt werden diese Impulse dadurch, „das es ja eh die meisten, sogar einige erfahrene Führungskräfte sagen".

Die Mitarbeiter in einer Veränderungssituation frühzeitig abgeholt zu haben, bringt einen gewaltigen Motivationsvorsprung gegenüber der langsamen informationshortenden Alternative. Wenn der Vorstand klarmacht, dass auch er ins Risiko einsteigt, weil auch er die Ergebnisse nicht genau prognostizieren kann, erntet er durch diese Offenheit eher Anerkennung und vor allem die Möglichkeit ohne Gesichtsverlust und mit Unterstützung der Mitarbeiter die Notbremse zu ziehen.

Die Phase des Ausprobierens, das Üben des Neuen bevor es wehtut, hilft ungemein und reduziert die Tiefe und die Breite des Tals der Tränen ungeheuer. Und dabei gilt diese Aussage für alle Unternehmensbereiche.

Im Rahmen der Umsetzung eines Projekts oder gar der Pilotphase kann es nicht Sinn der Tätigkeit der Führungskraft sein mit offenen Augen in einen Misserfolg zu schlittern. Fehlertoleranz bedeutet nicht Leichtsinn oder Naivität, sondern eine klare Vorstellungen ab wann die Quote zu hoch und unternehmensrelevant wird.

Eine intelligente Führungskraft kennt Puffer, die nur sie kennt. Abgestimmtes Verhalten sollte deshalb immer auch die Möglichkeit einer Revision bedenken und nach Möglichkeit einer internen Revision durch die Teammitglieder selbst. Ein solches Vorgehen vermeidet insbesondere den Druck von außen, aber auch den internen Leistungsdruck durch „plötzlich" zu enge Zeitfenster.

Im Vordergrund steht allerdings die erfolgreiche Durchführung. D.h. tauchen Probleme auf, wird aktiv nach den Ursachen-Wirkungsverhältnissen gesucht, die durch ad hoc Veränderungen doch noch zu einem positiven Ergebnis führen können. In einer Pilotgruppe sollte nach Möglichkeit die freudige Atmosphäre einer Jungfernfahrt vorherrschen, die als wesentliches Ziel das Lernen und den erfolgreichen Abschluss im Auge hat – auch wenn, da immer Menschen beteiligt sind, eine Titanic nie ausgeschlossen werden kann.

4.3. Die Qualitätssicherung durch stetige Verbesserung

Natürliche Ziele im Unternehmen sind ein vorteilhafter Prozess und ein kontinuierlicher Weiterentwicklungsprozess, der sich daran orientiert. Jede Ablaufverbesserung sollte sich wenigstens nicht negativ im wirtschaftlichen Ergebnis niederschlagen. Intrinsisch motivierte Mitarbeiter, deren Motivation ja gerade aus dem Tun kommt, streben dies bereits aus sich heraus an, allerdings nur so lange, wie sie nicht gefühlt eng kontrolliert und unter Druck gesetzt werden.

Die Grundlage einer Management-by-Objectives-Philosophie, die die Führungskraft in der Prozessüberwachung entlastet, ist eine Zielformulierung, die an den Arbeitsabläufen orientiert ist und bereits hier auf Effizienz wert legt. Eine solide Vorbereitung ist die beste Qualitätssicherung, zumal sie, wenn der Prozess beginnt, schon implementiert ist.

Standardisierung hat eine gravierende Schwäche, sie führt zur Schwächung der Mitarbeiterkreativität, die zur Routine gewordene Handlungen nur mehr abarbeitet. Ein entsetzliches Beispiel hierfür findet sich in der Beschreibung des Super-GAUs im Atomkraftwerk von Tschernobyl von Dietrich Dörner. Diese missliche Verhaltensweise ist besonders bei überforderten Führungskräften zu verzeichnen, die beispielsweise eine zu große Führungsspanne haben und Projekte mit zu vielen Nahtstellen betreuen. Der vermeintliche Rettungsanker ist ein hoher Prozentsatz an Regelkommunikation, der aber im Ergebnis, individuelles und situatives Führen unmöglich macht, da der Einsatz des zeitsparenden, dominanten Führungsstils im Allgemeinen damit einhergeht.

Ein solches Vorgehen führt nach kurzer Zeit zu abstumpfender Routine bei allen Beteiligten. Straff organisierte Führungskalender lassen sich zwar scheinbar leicht überwachen, sind aber letztendlich bestenfalls suboptimal. Treten in einer Abteilung oder im Rahmen eines Teams Fehler auf, führt die Kontrolle der Regelkommunikation selten zum Ziel.

Die zentrale Frage bei der Zielabweichung ist immer: Was kostet die Abweichung, was kostet die Lösung. Handelt es sich beispielsweise um eine Abweichung aufgrund eines Fehlers, den ein Mitarbeiter beim Kunden gemacht hat und ist dieser Fehler nicht Budget gefährdend, so steht erst der Ärger des Kunden im Mittelpunkt und danach, wenn nötig, der Verursacher des Fehlers.

Werden Prozesse neu konstruiert, macht eine Qualitätssicherung und Nutzung aller Optionen bei der Abweichungsanalyse bei jeder Komponente gar keinen Sinn. Wenn im Bankenbereich beispielsweise der Gesetzgeber eine

„dauerhafte Form" in der Aushändigung eines Protokolls von 6 DIN-A4-Seiten an den Kunden vorschreibt, ist eine Diskussion darüber was dauerhaft ist, wenn die Papierlösung eine mögliche ist, nicht sinnvoll. Geradezu kontraproduktiv wirkt dabei eine gnadenlose Kontrolle garniert mit entsprechenden verbalen Attacken.
Situation: Durch den Gesetzgeber wurde ein Beratungsprotokoll für Kundengespräche im Bankensektor eingeführt. Der Gesetzgeber gab im auslösenden Fall den Unternehmen eine Übergangsfrist von einigen Monaten, in der die Umsetzung nicht von der Aufsichtsbehörde kontrolliert und in der Folge sanktioniert werden würde.

Fast alle Häuser führten gesetzeskonform das Protokoll fristgerecht ein, kontrollierten sofort hart jedes Blatt und ließen die kommentierten Protokolle über die Führungskräfte, denen man die Fehlerquote ihrer Abteilung auch unmittelbar klar machte, gleich wieder an die Berater zurückgehen.

Das Ergebnis war interessant. Wurden vorher Geschäftsabschlüsse zu 80 % nach einer erfolgten Beratung erzielt, dreht sich das Verhältnis fast um und es wurden nur mehr 30 % der Kunden vor Geschäftsabschluss beraten. Gleichzeitig fiel aber überhaupt die Zahl der Wertpapierabschlüsse deutlich. Nachdem nach wenigen Wochen die Presse auf dieses Thema mit eigenen Testkäufen einstieg – die zwar nicht repräsentativ waren, trotzdem auf der jeweiligen Titelseite landeten – war die interne Reaktion vieler Banken einer Hysterie nahe.

Ganz wenige Häuser gingen signifikant anders vor: Sie trugen der klassischen Veränderungskurve Rechnung und nutzten die Übergangsfrist. Die Protokolle wurden fristgerecht eingeführt, die Kontrolle erfolgte unmittelbar hart, die Ergebnisse wurden aber gesammelt und nicht an die Berater und deren Führungskräfte – die Vertriebsbeauftragten im Sinne des Gesetzes - kommuniziert.

Nach zwei bis drei Monaten wurden dann gezielte Schulungen angesetzt, die die häufigsten Fehler zum Inhalt hatten. Erst nach dieser zweiten Schulungsrunde erfolgte auch in diesen Banken das direkte Feedback. Bei diesen Häusern blieb die Zahl der Beratungen hoch und die Umsätze fielen kaum.

Analyse und Hintergrund: Erfolgreiche Projekte zeichnen sich durch eine solide, hochkommunikative Vorbereitung aus, die in der Entwurfsphase viele Wege im Team prüft, die Details aber den einzelnen Spezialisten vertrauensvoll überlässt: **Toll ein anderer machts (= Team)**, weil er es von uns am besten kann! Viele Mythen und Märchen bieten hier ein reiches Beispielfeld, in der die vertrauensvolle Zusammenarbeit im Team - auch ohne Managementlehre – in der Regel den Prinzen zur Prinzessin führt.

Vertrauen ist schnell verspielt und kann nur schwer zurück gewonnen werden. Mitarbeiter leben in für sie unsicheren Situationen sehr stark von der Vorbildrolle der unmittelbaren Führungskraft. Nimmt die Führungskraft einen Veränderungsprozess nicht ernst und priorisiert ihn nicht entsprechend hoch, werden auch die Mitarbeiter dies nicht tun. Trägt die Vorbildrolle positiv, werden sogar außergewöhnliche, belastende Maßnahmen akzeptiert und durch gestanden.

Veränderungskurve

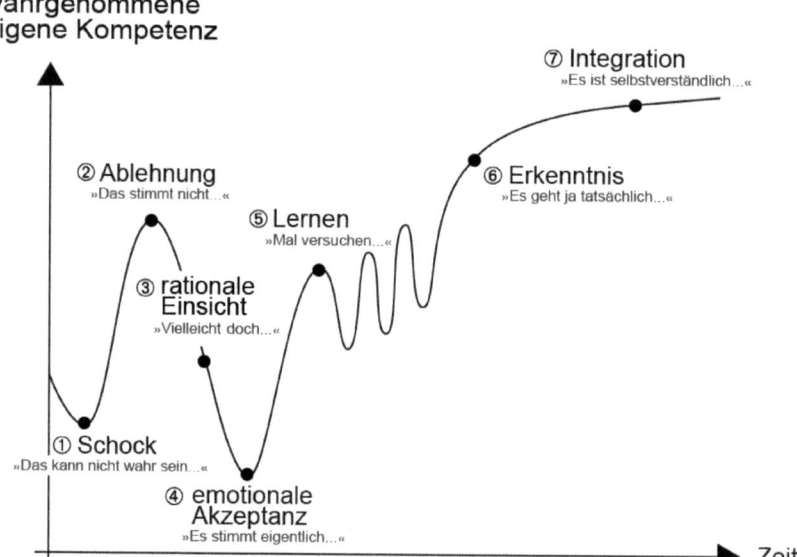

Abbildung 6 (eigene Darstellung in Anlehnung an C. Kostka, A. Mönch (2002) S. 11)

4.4. Das Misserfolgsrezept von Druck und Mehrarbeit

Die Kurzfristtreiber, Druck und Mehrarbeit, führen bei einem hohen Belastungsniveau auf Dauer zu deutlicher Produktivitätssenkung. Das was kurzfristig sinnvoll sein kann, um die Konzentration der Mitarbeiter zu steigern, belastet auf lange Sicht die Ergebnisse. Das haben schon sehr früh deutsche Industrielle um die Wende vom 19. ins 20. Jahrhundert verstanden. So führten um 1900 die Jenaer Zeiss-Werke den 8-Stunden-Tag ein. Im Jahr 1906 machte Robert Bosch die verblüffende Erfahrung, dass nachdem er die Schicht von 9 auf 8 Stunden reduzierte, die produzierte Menge pro Schicht nicht rückläufig war, sondern die Stückzahl sogar leicht anstieg – und das nicht nur kurzfristig. Warum die bayerische Landesregierung unter Edmund Stoiber dies fast 100 Jahre später wieder umkehrt kann nur erstaunen.

Dieses Ergebnis machte Bosch aber auch deshalb, weil er die Erfahrungen aus der eigenen Zeit am Schraubstock nicht vergessen hatte, und er damit ein Versprechen einlöste. Robert Bosch hatte nämlich bereits 1894 seinen Mitarbeitern den Achtstundentag in Aussicht gestellt, sobald die wirtschaftlichen Umstände es erlauben würden und die Produktionsmenge gehalten werden könnte. Was Bosch mit der Einlösung eines Versprechens an seine Mitarbeiter im Wesentlichen erreichte, war das Vertrauen in seine Person.

Später begründete Robert Bosch seine Entscheidung, den Achtstundentag einzuführen, folgendermaßen: „Ich habe schon früh – im Jahre 1906 – die achtstündige Arbeitszeit eingeführt, weil ich sie für die wirtschaftlichste hielt und für am zuträglichsten für die Erhaltung der menschlichen Arbeitskraft." (Quelle: netz) D.h. nicht Altruismus oder Sozialismus sondern rein wirtschaftliches Denken im Sinne des Unternehmens spielen hier die tragende Rolle. Robert Bosch hat erkannt, dass er den größten wirtschaftlichen Erfolg erzielen kann, wenn er sich um seine Mitarbeiter und ihre sozialen Netze kümmert.

Das Mehrarbeit über einen längeren Zeitraum hinweg oder ein starker Kostensenkungsdruck auf die Zulieferer ein Fehler ist, lässt die Entwicklung der Fehlerhäufigkeit bei Toyota im Jahre 2010 vermuten. (Quelle: netz) Um dem Margendruck bei gleichzeitig hoher Nachfrage gerecht zu werden, haben die Zulieferer in der Automobilindustrie einen im Ergebnis eher abträglichen Weg gewählt. Auch ihre Quartalsgewinne können steigen, wenn gleichzeitig das Risiko lebensbedrohlicher Fehler steigt. Welcher Weg längerfristig der sinnvolle ist, wird vermutlich der Markt zeigen. Nur innovative Unternehmen, die sich durch Kreativität und Qualität, Effektivität und Effizienz auszeichnen, werden auf Dauer überleben.

Die Aussage, dass Mitarbeiter von Unternehmen Kreativität und Effizienz durch operative Hektik ersetzen, hört man in vielen Unternehmen. Beobachtungen Externer bestätigen dies recht häufig. Warum ist dies so? Wenn eine Führungskraft immer etwas tut und dies auch noch transparent aufzeigt, kann ihr doch niemand einen Vorwurf machen, sie ist ja ständig busy. Ihr Blutdruck ist hoch, mehr geht einfach nicht, es droht der Burn out. Ja, dem kann man nur zustimmen, mehr geht nicht – und das für alle sichtbar.

Situation: In einem für sein Kostenbewusstsein bekanntes, regional orientiertes Unternehmen mit mehr als 1000 Beschäftigten, das im Branchenvergleich eher durchschnittlich abschnitt, war in einer Vertriebseinheit die Zielerreichung nicht zufriedenstellend. Obwohl sich der stationäre Vertrieb in einem sehr prosperierenden Gebiet befand, waren die Vertriebsmitarbeiter nicht in der Lage die recht einfach erscheinende Unternehmensstrategie umzusetzen.

Bemerkenswert war die relativ hohe Fluktuation der letzten Monate und der verstärkte Wettbewerb in der Branche. Der Vorstand signalisierte, dass er mehr Aktivität von seinen Führungskräften und Mitarbeitern erwarte.

Die Leiterin einer über mehrere Standorte verteilten Vertriebseinheit erhöhte daraufhin ihre Aktivität, in dem sie die Zahl der Mitarbeitergespräche bei den sogenannten „Schwachleistern" erhöhte. Die Formulierung „Schwachleister" hatte sie von der höchsten Führungsebene übernommen. Sie bemerkte nicht, dass diese Sprachgestaltung dazu beitrug, dass sich die Distanz zwischen ihr und den Mitarbeitern noch erhöhte. Aspekte sozialer und emotionaler Intelligenz ließen sich auf diese Art und Weise gar nicht mehr ausleben. Zu einem „Schwachleister", „Low-Burner", „Low-Brainer", unterdurchschnittlichen MAK oder VBE entwickelte die Führungskraft eine ähnliche Beziehung wie zu einem Kühlschrank, der nur 110 Volt verkraftet.

Sie veranlasste, dass zum Freitagnachmittag ein Bericht erstellt werden musste, „Warum die Ergebnisse schlecht sind und welche Ziele in der kommenden Woche deshalb wie zu erreichen sind." Da sie keine „Dreizeiler" akzeptierte, denn sie wollte sehen, warum in einem Kundengespräch kein Abschluss zustande käme, kosteten diese Berichte Zeit – wertvolle Vertriebszeit.

Die Mitarbeiter lernten schnell, dass ihre Führungskraft inzwischen viele Berichte laß und nicht bemerkte, wenn abschnittsweise aus alten Berichten kopiert und umformuliert oder besser aus alten neue Berichte komponiert wurden. Interessanterweise wurde die Zeit für die Erstellung der Berichte als nicht Vertriebszeit akzeptiert. Die Zahlen wurden kaum besser, teilweise sogar schlechter.

Schließlich ging sie dazu über die immer größer werdende Zahl nicht erfolgreicher Mitarbeiter täglich anzurufen und erhöhte diese Anrufe dann auf bis zu drei pro Tag. Inhalt der Telefonate waren im wesentlichen Zahlen, Vorgaben, Ergebnisse der Mitarbeiter, Prognosen für jeden Mitarbeiter, der Teamleiter, das Soll und das Ist. Daraus erstellte die Führungskraft ausführliche Excel-Tabellen, die als zukünftige Gesprächsgrundlage für die nun 14-tägig angesetzten häufigen Mitarbeitergespräche dienten.

Mitarbeiter, deren emotionale Stabilität nicht sehr hoch war, zwang diese Vorgehensweise in die Knie – der Krankenstand stieg. Damit fiel dann in der Folge die Zielerreichung für das gesamte Vertriebsgebiet. Andere Kollegen – wenige nahmen das Spiel an, sie lernten taktisch zu telefonieren, ihre Phantasie kannte keine Grenzen, sie hatten verstanden, ihr Chef hat verloren, er konnte sie nicht mehr kontrollieren – und damit nicht mehr steuern. Ihnen war klar: War der Ruf erst ruiniert, lebte es sich gleich ungeniert!

Die Führungskraft litt unter erheblichem Stress, da jeder Schwachleister, deren Zahl ja leider zunahm, eine eigene Tabelle brauchte und diese Arbeit von niemand anders wirklich zuverlässig erledigt werden konnte, da die Ergebnisse ja in immer kürzer werdenden Abständen gebraucht wurden. Der Vorstand war begeistert vom Einsatz seiner Führungskraft, die Schwächen der „Schwachleister" wurden ganz transparent offengelegt. Innerhalb des Unternehmens wurde ihr Einsatz als vorbildlich dargestellt, wenn auch nur weil der Vorstand vom umfassenden Zahlenwerk begeistert war. Da die Zielerreichung nicht besser wurde, schüttelten eine Reihe von Kollegen auf der gleichen Ebene den Kopf, fingen aber trotzdem an Excel-Tabellen zu basteln.

Nach dem Ende des Wirtschaftsjahres hatte auch der Vorstand verstanden, dass diese Strategie nicht erfolgreich war. Die Leiterin wurde in eine andere Region versetzt, - organisationsbedingt, bis wieder eine passende Stelle frei würde – eine Hierarchiestufe tiefer. Da sie auch hier wieder ihre so hoch gelobte Strategie einsetzen wollte, bekam sie eine klare Arbeitsanweisung dies zu unterlassen. Nach weiteren sechs Monaten hatte sie erleichtert das Unternehmen verlassen.

Analyse und Hintergrund: Erreichen Mitarbeiter ihre Ziele nicht, wird morgens, mittags und abends nachgefragt um die Zahlen und Ziele immer wieder präsent zu machen. Ist das Wochenziel nicht erreicht, wird ein Bericht verlangt, warum dies passiert ist. Alles nur um die Ziele zu erreichen, die Kennzahlen zu optimieren, denn am Monatsende ist die Zielerreichung Thema im Gesamtvorstand. Betriebswirtschaftliche Kennzahlen und ihre Darstellung werden zum alles entscheidenden Erfolgsmaßstab einer Führungskraft, ihre inhaltliche Aussage wird zweitrangig. Wie viel Zeit dafür verschwendet wird, interessiert offensichtlich niemanden.

4.5. Das Controlling als fehlgeleiteter Druckfaktor

Die Geschichte des Begriffs Controlling geht zurück in die Anfänge der Betriebswirtschaftslehre. Die damals führenden deutschen Betriebswirte überlegten welcher Begriff der passendste für die Königsdisziplin der Betriebswirtschaftslehre, die Unternehmensführung, sei. In einer eher von deutschem Nationalismus geprägten Zeit kamen sie auf den Begriff „Controlling", weil er für einen Deutschen klingt wie Kontrolle. Übersetzt aber Steuerung bedeutet und damit war die Disziplin Unternehmensführung inhaltlich klar beschrieben.

Heute sind Controller in der Regel nur mehr die Kontrolleure und genießen bei den Kollegen leider nur mehr ein geringes Ansehen, denn das was sie leisten, wird gefühlt häufig gegen diese Kollegen eingesetzt.

Geschickte Vertriebler aus den Unternehmensberatungen verkaufen der obersten Führungsebene Instrumente, die für weltweit arbeitende Unternehmen geschaffen wurden. Eine Balance-Score-Card macht in einem national tätigen Unternehmen ungefähr genau so viel Sinn wie ein Megafon in einem Wohnzimmer von durchschnittlicher Größe.

Controlling-Instrumente, die zum Selbstzweck werden, erreichen sogar Zielstatus, d.h. werden damit zum Unternehmenszweck an sich emporgehoben, denn ansonsten würde sie keiner nutzen, da die erzielbaren Informationen auch durch einfache Telefonanrufe und eine simple Tabellenkalkulation zu erlangen wären.

Die Unterscheidung zwischen Effektivität und Effizienz nach Peter Ferdinand Drucker

Eine insbesondere in der englischsprachigen betriebswirtschaftlichen Literatur häufige Unterscheidung zwischen *Effectivity* („Wirksamkeit") und *Efficiency* („Leistungsfähigkeit") geht auf Peter Drucker zurück, der in seinem Buch *The Effective Executive* dazu folgendes schrieb:

"[...] the executive is, first of all, expected to get the right things done. And this is simply saying that he is expected to be effective [...] For manual work, we need only efficiency; that is, the ability to do things right rather than the ability to get the right things done. The manual worker can always be judged in terms of the quantity and quality of a definable and discrete output, such as a pair of shoes."

Im Deutschen wird dies oft wie folgt übersetzt:

- Effektivität: „Die richtigen Dinge tun."
- Effizienz: „Die Dinge richtig tun."

Die Budgets, die in deutschen klein- und mittelständischen Unternehmen in die Balance-Score-Card investiert werden, könnten so viel sinnvoller investiert werden und es müsste nur einmal jemand in das Vorwort des Buches von Norton und Kaplan schauen, um dies zu verstehen. Aber wenn der Vorstandskollege aus der Branche das Instrument nutzt und es auf jedem Branchentreffen von promovierten und habilitierten Unternehmensberatern als besonders wichtig hervorgehoben wird – schließlich kostet die Einführung ja auch eine Menge Geld – kann es nicht schlecht sein. Das aus dem Marketing bekannte Phänomen der Preis-Qualitäts-Illusion greift hier besonders gut.

Es stellt sich bei diesen Themen die oft vergessene Frage nach der Effektivität. Effizientes Tun und Kostensenkung werden in den Mittelpunkt gerückt. Ständiges Fokussieren von Kennzahlen wie das Cost-income-ratio rücken ins Zentrum aller Argumentationen. Dass auch sinnloses Handeln effizient erledigt werden kann und dass es dabei auch noch elegant aussehen kann, findet keine Beachtung.

Bezeichnend ist, dass wenigen Führungskräften klar ist, dass ein Unternehmen mit einem CIR von 0,5 eine Investition mit einem Return on Investment von 50 % ablehnen sollte, weil sich das CIR nach dieser Investition verschlechtert, wenn die Summen der Abschreibung der Investition kleiner ist als die bisherigen Gesamtkosten (Ein einfaches Beispiel: Cost-income-ratio vor Investition 100 Cost / 200 Income = 0,5. Projektkosten 10, Ertrag aus dem Projekt 15, d.h. Rendite des Projekts 50 %. Cost-income-ratio nach Investition: 110 C / 215 I = 0,51, d.h. das Unternehmen hat sich durch ein Projekt mit 50 % Return-on-investment verschlechtert!).

Wenn Vorstände heute mit einem zwinkernden Auge argumentieren, dass diese Kennzahl ihre Lieblingskennzahl ist, weil diese sogar von den Aufsichtsgremien verstanden wird, spricht dies für politisches, aber nicht für betriebswirtschaftlich sinnvolles Denken.

Ein CIR lässt sich einfach senken. Schließt man die schlechteste Vertriebseinheit, verbessert sich das CIR – garantiert. Und das Besondere dabei, eine schlechteste Vertriebseinheit gibt es in jedem Quartal. Wobei die einfachste Lösung das Outsourcing von Stabsabteilungen darstellt – die nur das C und kein direktes I haben – im Übrigen jahrelang häufigster Vorschlag externer Berater, die dazu allerdings noch ergreifende Geschichten über zunehmende Effizienz berichten konnten. Inzwischen haben viele Geschäftsführer gelernt, dass dann die Gefahr besteht, die Kontrolle zu verlieren, und damit auch die Steuerungsmöglichkeit: und dann kann es teurer werden.

Ähnlich verrückte Beispiele lassen sich mit Hilfe der Eigenkapital-Rendite finden. Externe Verschuldung mit einer Rest-Eigenkapitalquote von 1 % oder knapp darüber führen bei Fremdkapitalzinsen von nahe 0 % zu extrem hohen Eigenkapital-Renditen. Seit dem Modigliani und Miller dies einmal vorgerechnet haben, ist dies Teil einer normalen wirtschaftlichen Grundausbildung. Wenn dies immer noch nicht von den Medien verstanden wird, muss das an der heutigen wirtschaftlichen Ausbildung zweifeln lassen.

D.h. anschaulich sehr hohe Renditen – z.B. 25 % aufs Eigenkapital – sind ganz selbstverständlich oder eher wenig bei extrem niedrigen Zinssätzen und normaler Konjunktur. Trotzdem werden solche Manager gefeiert. Dass hohe Renditen immer mit hohen Risiken verbunden sind, insbesondere in funktionierenden Märkten, wird vollständig vernachlässigt, denn 25 % Rendite sind augenscheinlich sehr viel, und das kann ja nur gut sein.

Wozu solches Handeln in den letzten 400 Jahren immer wieder geführt hat, lässt sich ganz hervorragend in einem kleinen Band von Galbraith „Geschichte der Spekulation" nachlesen. Galbraith hat vor der Immobilienkrise 2006 bis 2008 die großen Krisen seit dem Mittelalter untersucht und diese auf knappem Raum sehr anschaulich dargestellt. Was sein Buch vor allen anderen auszeichnet, ist die Klarheit und Kürze. Dieses Buch erlaubt es sehr effizient das nachgefragte und für effektiv gehaltene Wissen in kurzer Zeit sehr bildhaft und nachvollziehbar aufzunehmen.

Das Bild, das Carl Zeiss und Robert Bosch, durch ihre Handlungen abgeben, ist ein ganz anderes. Beide erhöhen zunächst die Kosten des Faktors Arbeit, nehmen aber so den Druck von ihren Mitarbeitern und zeigen damit das, was heute so gerne Wertschätzung genannt wird, und dass sie damit gleichzeitig auch noch den Return on Investment erhöhen, ist betriebswirtschaftlich angenehm.

Wie viele Unternehmen auf diese Art pleite vom Markt verschwunden sind, kann nicht mehr ermittelt werden, für die beiden Konzerne war es der Weg zum Welterfolg.

4.6. Die Werte als Grundlegung menschlichen Handelns

Betrachten wir Wertschätzung und Geringschätzung nicht als gegenüberliegende Pole der gleichen Skala, sondern als eigenständige Verhaltensweisen, so kann konstatiert werden, dass Wertschätzung nicht als Motivationsfaktor, sondern als wichtiger Hygiene-Faktor anzusehen ist. Entzieht die Führungskraft ihren Mitarbeitern die Wertschätzung - ohne sie gering zu schätzen, und damit das „Wohlfühlen" so wird nach einer kurzen Frist die Leistungsbereitschaft fallen, die Fluktuation und der Krankenstand im Team wird ansteigen. Dies geschieht recht schnell, indem ihr vielleicht durch eigene Überlastung passives Mobbing unterläuft.

Situation: Der Vorstand eines durch Lean Management geprägten Unternehmens war mit der Leistung seiner Vertriebsmannschaft zufrieden. Aufgrund der harten zeitraubenden Arbeit der letzten Monate war die Zielerreichung erfreulich positiv. Da dem Vertriebsvorstand insgesamt zwölf Vertriebseinheiten und weitere sechs interne Abteilungen unterstellt waren, konzentrierte er aktuell seine Kommunikation auf den Stab. In der Projektarbeit der Vormonate hatten insgesamt drei besonders fähige Vertriebsführungskräfte im Zentrum seiner Kommunikation gestanden.

In diesem vergangenen internen Projekt waren in den letzten Monaten neue Führungsleitsätze erarbeitet worden, mit der Folge, dass insbesondere die Regelkommunikation der Leiter der Vertriebseinheiten neu strukturiert wurden. Ebenfalls überarbeitet wurde der Führungsanteil des Trainings am Arbeitsplatz durch die jeweiligen Leiter über alle Hierarchiestufen hinweg.

Um die Wichtigkeit der Maßnahme auch intern zu betonen, priorisierte der Vorstand die Projektarbeit auch innerhalb des Unternehmens sehr deutlich. Dies gewährleistete er durch häufige Statusberichte und eine große Abschlussveranstaltung, bei der das Projektteam gemeinsam mit dem Vorstand das Ende des Roll-out-Prozesses verkündete und mit dem ganzen Unternehmen feierte.

Mit dieser erfolgreichen Veranstaltung – alle waren voll informiert und hoch motiviert - war für den Vorstand das Projekt beendet und die Leistung seiner Führungskräfte ausreichend gewürdigt. Da aus seiner Sicht das Thema Stabsarbeit aber nun einer Überarbeitung bedurfte, wurde ein neues Team aus diesem Bereich gebildet und seine Priorität vollständig verlagert. Der Vertrieb funktionierte ja nun.

Der radikale Kommunikationsbruch wurde insbesondere von einem der drei im Projekt beteiligten Regionaldirektoren nicht verstanden, der sein Projekt-

Know-how selbstverständlich auch gern im Rahmen des neuen Projekts einsetzen wollte. Die vorher im Projekt, sehr enge, als sehr wertschätzend empfundene Kommunikation, schien jetzt - gefühlt - nicht mehr wichtig.

Der Vertriebsleiter artikulierte sein Empfinden gegenüber Freunden und engen Mitarbeitern: „Der Mohr hat seine Schuldigkeit getan, der Mohr kann gehen."

Obwohl genau das Gegenteil vom Vorstand gewollt war, der gerade diesen Leiter als Führungskraft sehr schätzte und ihm innerhalb des Unternehmens eine glänzende Laufbahn prognostizierte, es ihm allerdings so ausdrücklich nicht sagte, weil es aus seiner Sicht selbstverständlich und klar war. Das für den Vorstand sehr überraschende Ergebnis war die Kündigung des Regionaldirektors – wegen nicht mehr empfundener Wertschätzung.

D.h. bereits die Abwesenheit von Wertschätzung führte zu Demotivation. Obwohl keine negative Botschaft gewollt oder gar tatsächlich vermittelt wurde, führte schon die nicht mehr erlebte Kommunikation zum Bruch. Und gerade die vorher sehr stark erlebte Wertschätzung mit hohem Respekt erlaubte es dem Mitarbeiter nicht, die Kommunikation von sich aus zu suchen, obwohl dies doch so einfach gewesen wäre und von seinem Vorstand als selbstverständlich erwartet wurde.

Analyse und Hintergrund: Diese Situation macht deutlich, dass gefühlter Wertschätzungsentzug ganz andere Reaktionen verursacht als der scheinbare Gegenpol: Geringschätzung. Geringschätzung führt zu Angst und Schrecken und letztendlich zur Flucht, entweder physisch oder psychisch.

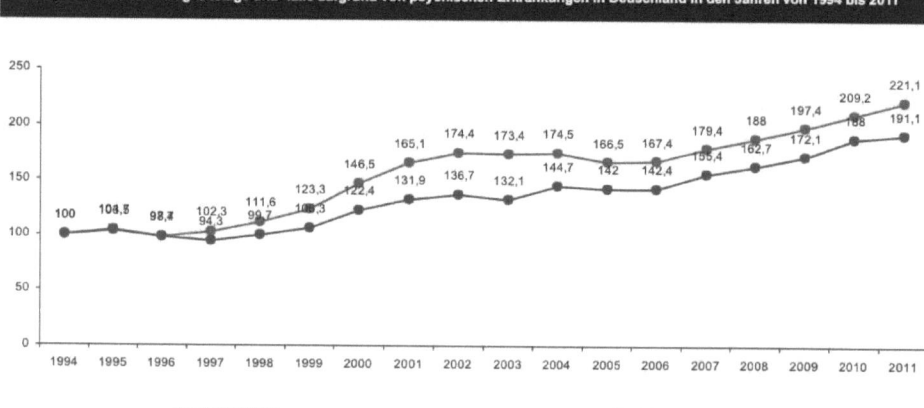

Merkmal	Eigenschaft
Erhebungszeitraum	1994 bis 2011
Untersuchungsgegenstand	Psychische Erkrankungen bei Arbeitnehmern
Besondere Eigenschaften	
Region	Deutschland
Altersgruppe	
Veröffentlicht durch	AOK
Herkunftsverweis	aok-bv.de
Veröffentlichungsdatum	August 2012
Hinweis	* Ausgangspunkte der Indizes sind die Krankheitsfälle bzw. die Arbeitsunfähigkeitstage aufgrund psychischer Erkrankungen im Jahr 1994.
URL auf der Webseite	http://de.statista.com/statistik/daten/studie/239862/umfrage/index-fix-Arbeitsunfähigkeitstage-und-fälle-aufgrund-von-psychischen-Erkrankungen/

Abbildung 7 Quelle: Statista, WIdO, aok-bv.de

Allein durch die Hierarchie und die daraus fließende Regelbeurteilung von Mitarbeitern, existiert in jedem Unternehmen ein natürlicher Druck, der auch akzeptiert ist. Mehr Druck muss nicht erzeugt werden. Es sei denn, ein Mitarbeiter fordert ihn ein.

Situation: In einem auf Handel spezialisierten landesweit arbeitenden Unternehmen, begleitete ein erfolgreicher und als gerecht bekannter Vertriebsdirektor eine junge Führungskraft, die für eine feste Region und ein eigenes Vertriebsteam verantwortlich war.

In einem dreistündigen Gespräch wurde die betriebswirtschaftliche Situation erörtert, die Potenziale und Ideen der jungen Führungskraft diskutiert und darauf aufbauend ein Maßnahmenplan verabschiedet. Da der junge Teamleiter die Zeiträume vorschlug, in der er mit seinem Team einzelne Maßnahmen umsetzen könne, griff der Vertriebsdirektor nur an zwei Stellen ein.

Bei einer Maßnahme verdoppelte die Führungskraft schlicht den Zeitraum, in dem die Maßnahme umgesetzt werden sollte. Die Reaktion des Mitarbeiters auf diesen Vorschlag war verblüffend: „Bitte setzen sie den Endtermin der Maßnahme früher, ich brauche diesen Druck, sonst lasse ich das Thema zu lange liegen!"

Nach dem der Vertriebsdirektor seine Überraschung geäußert hatte und sein Mitarbeiter ihm seine Reaktion noch näher erläuterte, fanden beide einen Kompromiss.

Analyse und Hintergrund: Diese Selbsterkenntnis eines Mitarbeiters ist Ausdruck einer funktionierenden Führungskraft-Mitarbeiter-Beziehung im alltäglichen Training am Arbeitsplatz. Hier wird der Druck vom Mitarbeiter eingefordert und dem kann im Rahmen der Fürsorgepflicht gefolgt werden. Eine solche Äußerung ist Ausdruck eines enormen Vertrauens des Mitarbeiters, der damit klar die Botschaft vermittelt: Ich weiß, dass du meine Einstellung nicht ausnutzen wirst, und das kann als Wertschätzung des Mitarbeiters gegenüber seiner Führungskraft empfunden werden.

4.7. Der natürliche Druck als Elementarerlebnis

Druck ist in einer hierarchischen Ordnung, die ein Unternehmen darstellt, ein ganz natürliches, aus der Rottenbildung bei Tieren bereits bekanntes Phänomen. Wird ein Teammitglied zur Führungskraft ernannt, d.h. nach außen hin sichtbar gemacht - er steigt im Organigramm eine Stufe nach oben - verändert sich die Gefühlswelt aller Beteiligten erheblich.

Die jetzt neue Führungskraft erlebt, dass ihr aus dem alten Team seiner Kollegen niemand mehr zuflüstert, was der Chef wieder für einen Fehler gemacht hat oder welch lächerliche Schuhe er doch trägt. Dieser informelle, durchaus sehr wichtige Informationsfluss wird sofort versiegen. Die neue Führungskraft – der alte Kollege – muss sich durch kommunikative, vertrauensbildende Maßnahmen dieses Feld zurückerobern.

Dabei stehen nicht einmal Gefühle wie Neid und Missgunst im Zentrum. Alleine der Wechsel in das Team der Respektspersonen, gefühlt für die Mitarbeiter in eine andere Welt, führt zum Entzug des „Herden-Vertrauens". Die gesamte Situation des Teams verändert sich, jeder muss seinen Platz neu finden, alles ist offen, Unsicherheit ist das Gefühl, dass das Verhalten prägt.

Die verrückten Gedankenspiele alter Kollegen: Was wird passieren? Wird der Neue etwas verändern? Oder bleibt er so sympathisch wie er es früher als Kollege war? Wie war eigentlich unser Verhältnis in letzter Zeit? Und hat er überhaupt verstanden, dass nur weil ich immer mit den anderen Kollegen und nicht mit seiner Clique in die Kaffeepause gegangen bin, ich ihn trotzdem schätze? Letztes Weihnachten mussten wir beide schließlich zusammen das Unternehmen offen halten, dass weiß er bestimmt noch! Hoffentlich hat er nicht gemerkt, dass ich lieber zu Hause gewesen wäre! Er hat es zwar auch gesagt, aber ob das auch so gemeint war? Oder wollte er mich nur testen, vielleicht wusste er schon von seiner Beförderung?

Die Kommunikation, die im Kopf der Kollegen abläuft, ist intim und wird nur durch das von ihr geprägte Verhalten sichtbar. Genaue Formulierungen und Ursachen für eine bestimmte Handlung können aber nur abgeschätzt werden. Welchen Weg gibt es die innere Kommunikation, auf die die neue Führungskraft häufig von alleine niemals kommen würde, transparent zu machen? Wie können ungerechtfertigte Befürchtungen zerstreut und den alten Kollegen und neuen Mitarbeitern wieder Sicherheit gegeben werden?

In dieser Phase hilft nur, verstärkt die Kommunikation mit den "ehemaligen" Kollegen zu suchen. Es muss klar werden, dass immer noch der gleiche Mensch da ist. Den Mitarbeitern muss klar werden, dass sich das Wertesystem des Menschen nicht verändert hat, auch wenn es in der Vergangenheit vielleicht nicht immer 100 % mit dem Wertesystem der Geschäftsführung übereinstimmte.

Es sollte allerdings auch klar werden, dass die neue Führungskraft den Respekt seiner Kollegen einfordert. Gerade eine junge Führungskraft sollte klar machen, dass sie nur auf dieser Basis ihre neue Position als Entscheider im Sinne des Teams einsetzen und dass sie die neue Position als Teil des Teams sehen wird.

Die Führungskraft erlebt weiterhin, dass sie zu anderen Informationen (häufig von zuvor nicht besonders geschätzten Kollegen) kommen wird. Auch scheinbar erwachsene Menschen "petzen", gelegentlich, wenn es ihnen dienlich erscheint. Die Positionen im Team auf der Beta-Ebene sind neu zu besetzen und die Chance gilt es zu nutzen. Und gerade bisher wenig geschätzte Kollegen müssen nun Gas geben um den gefühlten Zuneigungsabstand zur neuen Führungskraft aufzuholen.

Wert und Nutzung dieser Aussagen, wenn sie denn nicht von vornherein ausgeschlossen werden können, sind allerdings dementsprechend einzuschätzen. Eine (transparente) Nutzung solcher Informationen sollte tunlichst vermieden werden. Dies ist naturgemäß eher abträglich für den Teamgedanken und schadet letztlich der eigenen Karriere.

Auf der anderen Seite steht die neue Führungskraft vor dem Problem, plötzlich ein Gefühl von Abstand zwischen sich und den neuen Mitarbeitern und Kollegen aufbauen zu wollen. Hier wird dann häufig die Frage nach der Anrede gestellt: Muss ich mich jetzt von allen Siezen lassen oder kann ich mich Duzen lassen? Wie wird Respekt erreicht von Kollegen, die älter sind, die mehr wissen als die Führungskraft, die eigentlich nur deshalb nicht befördert werden, weil sie sich nicht beworben haben?
Besonders bitter wird das Gefühl, wenn im Kopf der neuen Führungskraft ein Gefühl von Ungerechtigkeit entsteht, da ein Kollege nicht berücksichtigt wurde, der doch viel geeigneter gewesen wäre und der sich auch beworben hat. Vorher hatten wir ein gutes Verhältnis, was ist jetzt?

Denn nun besteht ja eine als natürlich empfundene Kluft, die nach außen durch den Wechsel des Büros, einen neuen Ledersessel, eine persönliche Assistentin und durch andere Äußerlichkeiten dokumentiert wird.

Die Aufgabe besteht also darin, einem Teil der Mitarbeiter Vertrauen zu bezeugen, einem anderen Teil die neue Distanz zu zeigen und wieder anderen deutlich zu machen, das sich das Wertesystem des Menschen nicht verändert hat.

Grundsätzlich macht erst das Setzen und Überprüfen von Zeitpunkten für kleine zu leistende Arbeiten und Maßnahmen, d.h. das Ausüben von Druck, die Führungskraft aus. Einen bestimmten Wiedervorlagetermin eines Projekts kann nur eine Führungskraft verbindlich aussprechen. Der Termin macht faktisch die Führungskraft.

Es ist deshalb zu empfehlen, diese Übung recht früh bei alltäglichen Themen und Maßnahmen ohne Arroganz zu üben, damit bei wichtigen Entscheidungen und Aussagen, diese dann vielleicht kritischen Situationen schon geklärt sind. Letztendlich bleibt aber nur die situative, individuelle Entscheidung, denn die Gestaltung der neuen Teamstruktur kostet Zeit und ist im Ergebnis unsicher.

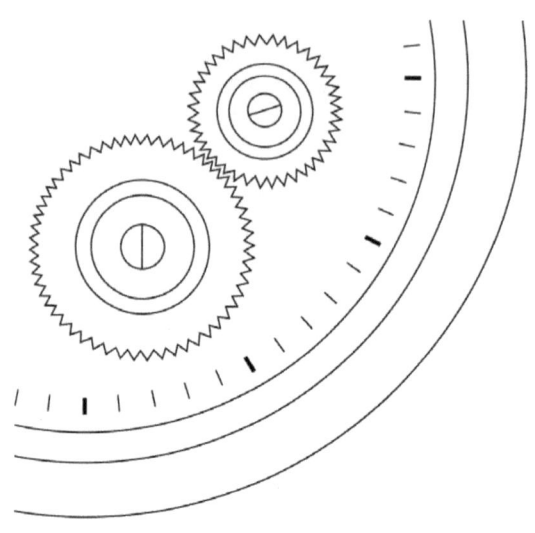

5 DIE MITARBEITER ALS GRUND- LEGEND HANDELNDE

5.1. Die Grundlagen effektiver Mitarbeiterschaft

Situation: In einer ansonsten durchschnittlichen Geschäftsstelle einer Retail-Bank wurde aufgrund der verkehrsgünstigen Lage im Hauptbahnhof einer kleineren deutschen Großstadt und der sehr kundenfreundlichen Öffnungszeiten auch am Samstag, insbesondere die banktübliche Servicedienstleistung sehr stark nachgefragt. Das Produktsegment der höherwertigen Kundenberatung konnte von den Mitarbeitern – d.h. besser qualifizierten Kundenberatern und einfach qualifizierten Servicemitarbeitern – aufgrund der hohen zeitlichen Belastung, so gut wie gar nicht erbracht werden. Insbesondere am Samstag wurde in dieser Geschäftsstelle der Service für das Gesamthaus abgewickelt, denn alle anderen Geschäftsstellen waren geschlossen.

Das Team war nicht in der Lage, die normalen, für alle Teams realistischen Vertriebsziele der anderen Geschäftsstellen zu erreichen, obwohl in der Geschäftsstelle nicht nur die ansonsten übliche Mitarbeiter-Quantität sondern auch eine gute Qualität der Mitarbeiter eingesetzt war. Aufgrund dieser Situation hatte die Führungskraft keine Möglichkeit steuernd in Richtung der Zielerreichung zu wirken. Die für sie unbefriedigende Situation wurde ihr vom Umfeld aufgezwungen, die Handlungen der Mitarbeiter, deren erste Aufgabe das Zufriedenstellen der Kundenbedürfnisse war, konnten von ihr nicht mehr im Sinne einer erfolgreichen Zielerreichung beeinflusst werden.

Trotzdem war die Stimmung im Team gut. Die Führungskraft zeigte Verständnis für die Situation der Mitarbeiter und schützte sie vor der nächsten Führungsebene, denn obwohl sie die Situation klar beschrieben hatte und für eine andere Teamzusammenstellung argumentiert hatte – weniger Berater, mehr Servicemitarbeiter – wurde ihr dies nur als Führungsschwäche ausgelegt und als Ausrede bezeichnet. Da ihr klar war, dass eine Weitergabe des Drucks nur zu einem schlechteren Klima, aber nicht zur Verbesserung der Vertriebsergebnisse geführt hätte, stand sie vor den Kollegen und blieb wertschätzend in ihrem Verhalten.

Die nächste Führungsebene hatte aber letztendlich die Steuerungsmöglichkeit verloren. Dadurch, dass sie die klar fundierten Argumente als Ausreden abtat, ohne aufmerksam den Prozess zu begleiten und die Informationen der engagierten Führungskraft zu beachten, verschenkte sie erhebliches Kundenkontaktpotential, dass gerade seit der zunehmenden Computerisierung der Bankgeschäfte so gesucht wird.

Analyse und Hintergrund: Um im Führungsprozess handlungsfähig zu werden, steht die Klärung der Situation und der Möglichkeiten an erster Stelle. Damit ist sowohl die betriebswirtschaftliche Situation am Markt gemeint, als auch die Kompetenzen der Mitarbeiter und die Personalauswahl. Erst eine umfassende Kenntnis des Status Quo erlaubt die Steuerung. Dabei ist neben dem aktuellen Personal auch die weitere Personalauswahl und -entwicklung gemeint. Ein Team steht und fällt mit den beteiligten Menschen.

Erfolgreiches Arbeiten erfordert das Arbeiten mit den Stärken der Mitarbeiter. Der Richtige zur richtigen Aufgabe ist die Devise. Nur qualifizierte Mitarbeiter mit der passenden Aufgabe steigen in das Flow-Prinzip (*Mihaly Csikszentmihalyi: Flow, 1961*) ein und sind entsprechend hochmotiviert. Eine ständige Arbeit mit und an den Schwächen führt zur Frustration und Demotivation, schlechte Leistungen des Mitarbeiters und des Teams sind die Folge.

Welche Verhaltensweisen hier gemeint sind, ist pauschal schwierig zu formulieren. Eine Formulierung in betriebswirtschaftlicher Sprache klingt zwar schon logisch, scheint es aber doch nicht zu sein, denn dann würden nicht so viele andere Konzepte existieren:

1. Eine Gruppe von Mitarbeitern, bei der alle das gleiche tun sollen, alle das gleiche Ziel vorgegeben bekommen, alle aber unterschiedliche Fähigkeiten haben, ist schlechter als

2. Eine Gruppe von Mitarbeitern, die ein gemeinsames Ziel hat, bei der die einzelnen Mitarbeiter mit unterschiedlichen Fähigkeiten dazu passende, zielorientierte Aufgaben erfüllen.

Ein verlagertes Beispiel, dem männliche Führungskräfte in der Regel offen gegenüber reagieren, stellt die Fußballmannschaft dar. Bayern München erreichte mit einem der weltbesten Torhüter viele Titel, hätte Bayern München die Möglichkeit gehabt elfmal Oliver Kahn aufzustellen, wären sie wahrscheinlich schnell in der Regionalliga oder tiefer verschwunden, denn Torhüter, Verteidiger, Mittelfeldspieler und Stürmer haben sehr unterschiedliche Stärken. Spitzenleistung ist nur durch ein intelligentes System mit effizientem und passendem Personaleinsatz möglich.

Ein weiteres Beispiel, das sehr bildhaft ist, stammt aus der Pferdewelt. Wenn sie im unwegsamen Gelände Waldwirtschaft betreiben, benötigen sie Rückepferde. Das sind Kaltblüter, die sich insbesondere durch ihre Größe und Stärke auszeichnen, sie sind im Allgemeinen nicht sehr schnell. Betrachtet man die Pferde auf einer Rennbahn, zum Beispiel Warmblüter, so sind diese jung und sehr schnell, im Wald haben diese Tiere nichts zu suchen.

Es ist jedem verständlich, dass es auf Rennbahnen keine Kaltblüter gibt, sie haben einfach eine andere Stärke als Schnelligkeit. Wenn aber Menschen im Unternehmen handeln sollen, so wird die Gleichheit aller unterstellt, obwohl neben den optischen Unterschieden auch Begriffe wie soziale Intelligenz und Empathie inzwischen auch in der Management-Literatur die Runde machen.

Begeben wir uns auf das Feld der Märchen, begegnet uns immer wieder das Team mit seinen Stärken. Das vielleicht einfachste Beispiel stammt aus der Sammlung der Gebrüder Grimm und ist unten abgedruckt. Der Prinz als Führungskraft erreicht mit seinem Team von Spezialisten die Prinzessin, weil er konsequent auf die Stärken setzt.

Die sechs Diener

Vorzeiten lebte eine alte Königin, die war eine Zauberin, und ihre Tochter war das schönste Mädchen unter der Sonne. Die Alte dachte aber auf nichts, als wie sie die Menschen ins Verderben locken könnte. Und wenn ein Freier kam, so sprach sie, wer ihre Tochter haben wollte, müsste zuvor eine Aufgabe lösen, oder er müsste sterben. Viele waren von der Schönheit der Jungfrau verblendet und wagten es wohl, aber sie konnten nicht vollbringen, was die Alte ihnen auflegte, und dann war keine Gnade, sie mussten niederknien, und das Haupt ward ihnen abgeschlagen. Ein Königssohn, der hatte auch von der Schönheit der Jungfrau gehört und sprach zu seinem Vater: „Lasst mich hinziehen, ich will um sie werben." – „Nimmermehr", antwortete der König, „gehst du fort, so gehst du in deinen Tod." Da legte der Sohn sich nieder und ward sterbenskrank und lag sieben Jahre lang, und kein Arzt konnte ihm helfen. Als der Vater sah, dass keine Hoffnung mehr war, sprach er voll Herzenstraurigkeit zu ihm: „Zieh hin und versuche dein Glück, ich weiß dir sonst nicht zu helfen." Wie der Sohn das hörte, stand er auf von seinem Lager, ward gesund und machte sich fröhlich auf den Weg.

Es trug sich zu, als er über eine Heide zu reiten kam, dass er von weitem auf der Erde etwas liegen sah wie einen großen Heuhaufen, und wie er sich näherte, konnte er unterscheiden, dass es der Bauch eines Menschen war, der sich dahin gestreckt hatte; der Bauch aber sah aus wie ein kleiner Berg. Der Dicke, wie er den Reisenden erblickte, richtete sich in der Höhe und sprach: „Wenn Ihr jemand braucht, so nehmt mich in eure Dienste." Der Königssohn antwortete: „Was soll ich mit einem so ungefügen Mann anfangen?" – „Oh", sprach der Dicke, „das will nichts sagen, wenn ich mich recht auseinander tue, bin ich noch dreitausendmal so dick." – „Wenn das ist", sagte der Königssohn, „ so kann ich dich gebrauchen, komm mit mir." Da ging der Dicke hinter dem Königssohn her, und über eine Weile fanden sie einen andern, der lag da auf der Erde und hatte das Ohr auf den Rasen gelegt. Fragte der Königssohn: „Was machst du da?" – „Ich horche", antwortete der Mann. – „Wonach horchst du so aufmerksam?" – „Ich horche nach dem, was eben in der Welt sich zuträgt, denn meinen Ohren entgeht nichts, das Gras sogar hör' ich wachsen." Fragte der Königssohn: „sage mir, was hörst du am Hofe der alten Königin, welche die schöne Tochter hat?" Da antwortete er: Ich höre das Schwert sausen, das einem Freier den Kopf abschlägt." Der Königssohn sprach: „Ich kann dich gebrauchen, komm mit mir." Da zogen sie weiter und sahen einmal ein paar Füße da liegen und auch etwas von den Beinen, aber das Ende konnten sie nicht sehen. Als sie eine gute Strecke fortgegangen waren, kamen sie zu dem Leib und endlich auch zu dem Kopf. „Ei", sprach der Königssohn, „was bist du für ein langer Strick!" – „Oh", antwortete der Lange, „das ist noch gar nichts, wenn ich meine Gliedmaßen erst recht ausstrecke, bin ich noch dreitausendmal so lang und bin größer als der größte Berg der Erden. Ich will euch gerne dienen, wenn ihr mich annehmen wollt." – „Komm mit", sprach der Königssohn, „ich kann dich gebrauchen." Sie zogen weiter und fanden einen am Weg sitzen, der hatte die Augen zugebunden. Sprach der Königssohn zu ihm: „Hast du schwache Augen, dass du nicht in das Licht sehen kannst?" – „Nein", antwortete der Mann, „ich darf die Binde nicht abnehmen, denn was ich mit meinen Augen ansehe, das springt auseinander, so gewaltig ist mein Blick. Kann Euch das nützen, so will ich euch gern dienen." – „Komm mit", antwortete der Königssohn, „ich kann dich gebrauchen." Sie zogen weiter und fanden einen Mann, der lag mitten im heißen Sonnenschein und zitterte und fror am ganzen Leibe, so dass kein Glied stillstand. „Wie kannst du frieren?" sprach der Königssohn. „Und die Sonne scheint so warm." – „Ach", antwortete der Mann, „meine Natur ist ganz anderer Art, je heißer es ist, desto mehr frier' ich, und der Frost dringt mir durch alle Knochen; und je kälter es ist, desto heißer wird mir: mitten im Eis kann ich's vor Hitze und mitten im Feuer vor Kälte nicht aushalten." – „Du bist ein wunderlicher Kerl", sprach der Königssohn, „aber wenn du mir dienen willst, so komm mit." Nun zogen sie weiter und sahen einen Mann stehen, der machte einen langen Hals, schaute sich um und schaute über alle Berge hinaus. Sprach der Königssohn: „Wonach siehst du so eifrig?" Der Mann antwortete: „Ich habe so helle Augen, dass über alle Wälder und Felder, Täler und Berge hinaus und durch die ganze Welt sehen kann." Der Königssohn sprach: „Willst du, so komm mit mir, denn so einer fehlte mir noch."

Nun zog der Königssohn mit seinen sechs Dienern in die Stadt ein, wo die alte Königin lebte. Er sagte nicht, wer er wäre, aber er sprach: „Wollt ihr mir eure schöne Tochter geben, so will ich vollbringen, was ihr mir auferlegt." Die Zauberin freute sich, dass ein so schöner Jüngling wieder in ihre Netze fiel, und sprach: „Dreimal will ich dir eine Aufgabe aufgeben, lösest du die jedes mal, so sollst du der Herr und Gemahl meiner Tochter werden." – „Was soll das erste sein?" fragte er. „Dass du mir einen Ring herbeibringst, den ich ins Rote Meer habe fallen lassen." Da ging der Königssohn heim zu seinen Dienern und sprach: „Die erste Aufgabe ist nicht leicht, ein Ring soll aus dem Roten Meer geholt werden, nun schafft Rat." Da sprach der mit den hellen Augen: „Ich will sehen, wo er liegt", schaute in das Meer hinab und sagte: „Dort hängt er an einem spitzen Stein." Der Lange trug sie hin und sprach: „Ich wollte ihn wohl herausholen, wenn ich ihn nur sehen könnte." – „Wenn's weiter nichts ist", rief der Dicke, legte sich nieder und hielt seinen Mund ans Wasser. Da fielen die Wellen hinein wie in einen Abgrund, und er trank das ganze Meer aus, dass es trocken ward wie eine Wiese. Der Lange bückte sich ein wenig und holte den Ring mit der Hand heraus. Da ward der Königssohn froh, als er den Ring hatte, und brachte ihn der Alten. Sie erstaunte und sprach: „Ja, es ist der echte Ring; die erste Aufgabe hast du glücklich gelöst, aber nun kommt die zweite. Siehst du, dort auf der Wiese vor meinem Schlosse, da weiden dreihundert fette Ochsen, die musst du mit Haut und Haar, Knochen und Hörnern verzehren. Und unten im Keller liegen dreihundert Fässer Wein, die musst du dazu austrinken; und bleibt von den Ochsen ein Haar und von dem Wein ein Tröpfchen übrig, so ist mir dein Leben verfallen." Sprach der Königssohn: „Darf ich mir keine Gäste dazu laden? Ohne Gesellschaft schmeckt keine Mahlzeit." Die Alte lachte boshaft und antwortete: „Einen darfst du dir dazu laden, damit du Gesellschaft hast, aber weiter keinen."

Da ging der Königssohn zu seinen Dienern und sprach zu dem Dicken: „Du sollst heute mein Gast sein und dich einmal satt essen." Da tat sich der Dicke voneinander und aß die dreihundert Ochsen, dass kein Haar übrigblieb, und fragte, ob weiter nichts als das Frühstück da wäre. Den Wein aber trank er gleich aus den Fässern, ohne dass er ein Glas nötig hatte, und trank den letzten Tropfen vom Nagel herunter. Als die Mahlzeit zu Ende war, ging der Königssohn zur Alten und sagte ihr, die zweite Aufgabe wäre gelöst. Sie verwunderte sich und sprach: „So weit hat's noch keiner gebracht, aber es ist noch eine Aufgabe übrig", und dachte: Du sollst mir nicht entgehen und wirst deinen Kopf nicht oben behalten. – „Heut abend", sprach sie, „bring' ich meine Tochter zu dir in deine Kammer, und du sollst sie mit deinem Arm umschlingen. Und wenn ihr da beisammen sitzt, so hüte dich, dass du nicht einschläfst. Ich komme Schlag zwölf Uhr, und ist sie dann nicht mehr in deinen Armen, so hast du verloren." Der Königssohn dachte: Die Aufgabe ist leicht, ich will wohl meine Augen offenhalten, doch rief er seine Diener, erzählte ihnen, wie die Alte gesagt hatte, und sprach: „Wer weiß, was für eine List dahintersteckt, Vorsicht ist gut, haltet Wache und sorgt, dass die Jungfrau nicht wieder aus meiner Kammer kommt." Als die Nacht einbrach, kam die Alte mit ihrer Tochter und führte sie in die Arme des Königssohns, und dann schlang sich der Lange um sie beide in einen Kreis, und der Dicke stellte sich vor die Türe, also dass keine lebendige Seele herein konnte. Da saßen die beide, und die Jungfrau sprach kein Wort, aber der Mond schien durchs Fenster auf ihr Angesicht, dass er ihre wunderbare Schönheit sehen konnte. Er tat nichts, als sie anschauen, war voll Freude und Liebe, und es kam keine Müdigkeit in seine Augen. Das dauerte bis elf Uhr, da warf die Alte einen Zauber über alle, dass sie einschliefen, und in dem Augenblick war auch die Jungfrau entrückt.

Nun schliefen sie hart bis ein Viertel vor zwölf, da war der Zauber kraftlos, und sie erwachten alle wieder. „O Jammer und Unglück!" rief der Königssohn. „Nun bin ich verloren!" Die treuen Diener fingen auch an zu klagen, aber der Horcher sprach: „Seid still, ich will horchen." Da horchte er einen Augenblick, und dann sprach er: „Sie sitzt in einem Felsen dreihundert Stunden von hier und bejammert ihr Schicksal. Du allein kannst helfen, Langer, wenn du dich aufrichtest, so bist du mit ein paar Schritten dort." – „Ja", antwortete der Lange, „aber der mit den scharfen Augen muss mitgehen, damit wir den Felsen wegschaffen." Da huckte der Lange den mit verbundenen Augen auf, und im Augenblick, wie man eine Hand umwendet, waren sie vor dem verwünschten Felsen. Alsbald nahm der Lange dem andern die Binde von den Augen, der sich nur umschaute, so zersprang der Felsen in tausend Stücke. Da nahm der Lange die Jungfrau auf den Arm, trug sie in einem Nu zurück, holte ebenso schnell auch noch seinen Kameraden, und eh es zwölf schlug, saßen sie alle wieder wie vorher und waren munter und guter Dinge. Als es zwölf schlug, kam die alte Zauberin herbeigeschlichen, machte ein höhnisches Gesicht, als wollte sie sagen: „Nun ist er mein!" – und glaubte, ihre Tochter säße dreihundert Stunden weit im Felsen. Als sie aber ihre Tochter in den Armen des Königssohn erblickte, erschrak sie und sprach: „Da ist einer, der kann mehr als ich." Aber sie durfte nichts einwenden und musste ihm die Jungfrau zusagen. Da sprach sie ihr ins Ohr: „Schande für dich, dass du gemeinem Volk gehorchen sollst und dir einen Gemahl nicht nach deinem Gefallen wählen darfst!"

Da ward das stolze Herz der Jungfrau mit Zorn erfüllt und sann auf Rache. Sie ließ am anderen Morgen dreihundert Malter Holz zusammenfahren und sprach zu dem Königssohn, die drei Aufgaben wären gelöst, sie würde aber nicht eher seine Gemahlin werden, bis einer bereit wäre, sich mitten in das Holz zu setzen und das Feuer auszuhalten. Sie dachte, keiner seiner Diener würde sich für ihn verbrennen, und aus Liebe zu ihr würde er selber sich hineinsetzen, und dann wäre sie frei. Die Diener aber sprachen: „Wir haben alle etwas getan, nur der Frostige noch nicht, der muss auch daran", setzten ihn mitten auf den Holzstoß und steckten ihn an. Da begann das Feuer zu brennen und brannte drei Tage, bis alles Holz verzehrt war, und als die Flammen sich legten, stand der Frostige mitten in der Asche, zitterte wie ein Espenlaub und sprach: „Einen solchen Frost habe ich mein Lebtage nicht ausgehalten, und wenn er länger gedauert hätte, so wäre ich erstarrt."

Nun war keine Ausflucht mehr zu finden, die schöne Jungfrau musste den unbekannten Jüngling zum Gemahl nehmen. Als sie aber zur Kirche fuhren, sprach die Alte: „Ich kann die Schande nicht ertragen", und schickte ihr Kriegsvolk nach, das sollte alles niedermachen, was ihm vorkäme, und ihr die Tochter zurückbringen. Der Horcher aber hatte die Ohren gespitzt und die heimlichen Reden der Alten vernommen. „Was fangen wir an?" sprach er zu dem Dicken, aber der wusste Rat, spie einmal oder zweimal hinter dem Wagen einen Teil von dem Meerwasser aus, das er getrunken hatte, da entstand ein großer See, worin die Kriegsvölker steckenblieben und ertranken. Als die Zauberin das vernahm, schickte sie ihre geharnischten Reiter, aber der Horcher hörte das Rasseln ihrer Rüstung und band dem einen die Augen auf, der guckte die Feinde ein bisschen scharf an, da sprangen sie auseinander wie Glas. Nun fuhren sie ungestört weiter, und als die beiden in der Kirche eingesegnet waren, nahmen die sechs Diener ihren Abschied und sprachen zu ihrem Herrn: „Eure Wünsche sind erfüllt, Ihr habt uns nicht mehr nötig, wir wollen weiterziehen und unser Glück versuchen."

Eine halbe Stunde vor dem Schloss war ein Dorf, vor dem hütete ein Schweinehirt seine Herde. Wie sie dahin kamen, sprach er zu seiner Frau: „Weißt du auch recht, wer ich bin? Ich bin kein Königssohn, sondern ein Schweinehirt, und der mit der Herde dort, das ist mein Vater. Wir zwei müssen auch daran und ihm hüten helfen." Dann stieg er mit ihr in dem Wirtshaus ab und sagte heimlich zu den Wirtsleuten, in der Nacht sollten sie ihr die königlichen Kleider wegnehmen. Wie sie nun am

Morgen aufwachte, hatte sie nichts anzutun, und die Wirtin gab ihr einen alten Rock und ein paar alte wollene Strümpfe, dabei tat sie noch, als wär's ein großes Geschenk, und sprach: „Wenn nicht euer Mann wäre, hätt' ich's euch gar nicht gegeben." Da glaubte sie, er wäre wirklich ein Schweinehirt, und hütete mit ihm die Herde und dachte: Ich habe es verdient mit meinem Übermut und Stolz. – Das dauerte acht Tage, da konnte sie es nicht mehr aushalten, denn die Füße waren ihr wund geworden. Da kamen ein paar Leute und fragten, ob sie wüsste, wer ihr Mann wäre. „Ja", antwortete sie, „er ist ein Schweinehirt und ist eben ausgegangen, mit Bändern und Schnüren einen kleinen Handel zu treiben." Sie sprachen aber: „Kommt einmal mit, wir wollen Euch zu ihm hinführen", und brachten sie ins Schloss hinauf; und wie sie in den Saal kam, stand da ihr Mann in königlichen Kleidern. Sie erkannte ihn aber nicht, bis er ihr um den Hals fiel, sie küsste und sprach: „Ich habe so viel für dich gelitten, da hast du auch für mich leiden sollen." Nun ward erst die Hochzeit gefeiert, und der's erzählt hat, wollte, er wäre auch dabei gewesen.

Die Formulierung „Helfen Sie den Teams" kennzeichnet eine zentrale Führungsaufgabe. Damit ist nicht die Übernahme der operativen oder der organisatorischen Arbeit vor Ort gemeint, sondern die Unterstützung für den Einstieg in einen kommunikativen Prozess, der ein aktives selbstständiges Arbeiten des Teams erlaubt. Dieser Service ist Aufgabe der Führungskraft.

Dass dies sogar seit nun fast zweihundert Jahren in der Volkswirtschaftslehre bekannt ist und sich sogar berechnen lässt, wird von vielen Beratungsunternehmen offensichtlich übersehen. Denn der komparative Kostenvorteil, den Ricardo bereits 1817 formuliert und berechnet hat, ist nichts anderes als die Optimierung der Handlungen bei Mitarbeitern im Sinne ihrer Stärken, weil sie schlicht zum wirtschaftlich besten Ergebnis führen.

Bereits im Jahre 1817 hat David Ricardo für zwei Volkswirtschaften nachgewiesen, dass sich Spezialisierung bezahlt macht. Überträgt man sein Gesetz des komparativen Kostenvorteils auf ein Team, so lautet es wie folgt:

1. Unabhängig davon, ob einer von zwei Mitarbeitern in allen Arbeitsprozessen leistungsfähiger ist als der andere, ist die Zusammenarbeit lohnend, wenn jeder sich auf die Prozesse spezialisiert, bei denen er einen komparativen Vorteil, die größte relative Leistungsfähigkeit, besitzt. Die Arbeitsproduktivität steigt bei beiden an.

2. Ein nicht optimal durchdachtes System von Arbeitsplatzbeschreibungen oder Rotationsvorschriften nutzt keineswegs. Es senkt die Produktivität, da es Arbeitszeit verteuert und die Produktivität des Teams verringert. Solche universellen Arbeitsplätze schalten die Leistungsfähigkeit aus, die dem optimalen System von Spezialisierungen und Arbeitsteilung innewohnt.

Warum die unterschiedliche biologische Ausstattung der Menschen in der erlebten Unternehmensberatungszunft des Dienstleistungssektors so gar keine Rolle spielt, kann nur mit einer engstirnigen Ausbildung und mangelhaften Praxisausrichtung erklärt werden. Die Diskussionen über Human Capital reduzieren hier häufig das Individuum „Mitarbeiter" auf austauschbare Produktionseinheiten „MAK" oder „VBE".

Das andere Extrem ist der Taylorismus. Hier ist eine Theorie in der Umsetzung aufgrund genau dieser „Maschinisierung" der Menschen gescheitert. Einen Arbeitsprozess soweit zu zerlegen, dass der benötigte Fach- und Ausbildungsaufwand minimal wird und jeder Mensch ohne großen „Aufwand" diese Tätigkeit 8 oder 10 Stunden am Tag durchführen kann, ist im betriebswirtschaftlichen Gedankenexperiment logisch und erfolgsversprechend und führte konsequent umgesetzt zur Fließbandproduktion. Ein Produktionsansatz der glücklicherweise inzwischen aber der Vergangenheit angehört.

Der Mitarbeiter wird zum homo oeconomicus, zum betriebswirtschaftlichen Aggregat, der über entsprechende Ausstattungen – sprich: Kompetenzen und Qualifizierungsmaßnahmen – jede Aufgabe gleich gut erfüllen kann. Dass noch nicht alle Mitarbeiter eines Unternehmens im Vorstand angelangt sind, fällt offensichtlich gar nicht auf!

5.2. Die Mitarbeiter als wesentlicher Baustein des Führungsgebäudes

Situation: Ein der Preis-Qualitäts-Illusion – „Was gut ist, ist auch teuer!" – folgendes Unternehmensberatungsteam hatte in einem Unternehmen ein neues, innovatives Vertriebskonzept installiert. Die außergewöhnlichen Kosten für die Berater waren vom Aufsichtsrat in einem Sonderbudget genehmigt worden. Es wurden zentrale Veränderungen im Ablauf des Vertriebsprozesses vorgenommen. Das gesamte Customer Relationship Management war betroffen.

Neben der Umstellung der Vertriebsstrategie wurde zusätzlich, und dies war der größte Kostensenkungsfaktor, die bisherige Aufteilung in Servicemitarbeiter bzw. Sachbearbeiter mit wenig Kundenkontakt und Verkäufern bzw. Beratern für das Kundengeschäft aufgelöst. Alle waren jetzt gleich, d.h. hatten die gleichen Vertriebsziele. Der Titel hieß jetzt Serviceberater, die Gehälter wurden für alle auf ein gleiches tieferes Niveau angepasst.

Aufgrund der neuen Struktur wurde eine deutliche Kostenreduzierung erreicht, da die teuren Verkäufer nun nicht mehr so hoch honoriert werden mussten. Gleiches galt auch für die Führungskräfte der untersten Ebene, die nun einheitliche Mitarbeiter führen mussten, d.h. auch hier wurde noch hohes Kostensenkungspotential durch Ausweitung der Führungsspanne vermutet.

Eine umfassende Analyse nach wenigen Monaten brachte folgendes Ergebnis: Das Drittel, welches seine Ziele vorher unterdurchschnittlich erreicht hatte, war offensichtlich erheblich überfordert und erzielt immer noch deutlich unterdurchschnittliche Ergebnisse. Das vorher durchschnittliche Drittel hatte seine Leistung nicht verändert, sie waren immer noch Durchschnitt. Die Topleister, die ehemaligen Kundenberater, waren aber erheblich schlechter geworden.

Es zeigte sich, dass die Motivation der Mitarbeiter erheblich eingebrochen war. Die Einstellung gegenüber dem neuen, in anderen Häusern erfolgreichen Konzept war extrem negativ, die Führungskräfte, da auch noch zusätzlich mit Vertriebsaufgaben beschäftigt, fanden keine Ansatzpunkte dies zu verändern. Insbesondere die Vereinheitlichung der Mitarbeiter zu Serviceberatern bereitete starke Probleme, dies hatte inzwischen auch die obere Führungsebene verstanden.

Eine sofortige Korrektur konnte aber aus unternehmenspolitischen Gründen nicht vorgenommen werden, da dann die Ausgaben für das Unternehmensberatungsteam negativ hervorgehoben worden wären. Der nicht wirklich glückliche Vorstand beschloss deshalb einen schleichenden Rückbau über zwei Jahre.

Analyse und Hintergrund: Die Situation beschreibt typische menschliche Abläufe. Unabhängig von der objektiven Bewertung einer Veränderung, spielt die menschliche Emotionalität die zentrale Rolle:

- Die Mitarbeiter fühlen sich unfair behandelt,
- die Führungskräfte sind aufgrund der breiten Führungsspanne nicht mehr in der Lage einen nötigen individuellen Kommunikationsprozess in Gang zu setzen und
- die obere Führungsebene befürchtet aufgrund der Fehleinschätzung und damit verbundenen Fehlentscheidung bei der kommenden Vertragsverlängerung eine schlechte Position zu haben und unterdrückt deshalb die objektiv nötige Korrektur.

Der Mensch ist hier offensichtlich der entscheidende Faktor.

Die Selektion treffender Mitarbeiter erfordert neben der Fähigkeit der fachlichen Einschätzung insbesondere die FührungsIntelligenz der Entscheider. Wobei bereits im Einstellungsprozess die Teammitglieder mit einbezogen werden sollten.

Wichtig ist deshalb neben dem Kopf auch der Bauch, denn nur in einem gesunden Klima gedeihen reibungsarme Prozesse. Die Emotionalität und die Teamatmosphäre spielen die vielleicht wichtigste Rolle, gerade in kritischen Situationen, wie sie eine umfassende Veränderung darstellt. Passen Mitarbeiter nicht in ein Team, wird die schon nicht einfache Veränderungssituation noch verschärft. Dabei spielt es keine Rolle, ob die Nichtpassungen fachlicher Natur sind oder nur das Teamklima gestört ist.

Aus diesem Grund stehen, wird die Probephase im Betrieb durchlaufen, drei geschlossene Fragen bereits früh im Vordergrund:

- Ist die Leistung des Mitarbeiters zufrieden stellend?
- Ist die Entwicklung der Leistung des Mitarbeiters positiv zu werten?
- Zeigt der Mitarbeiter, dass er ins Team passt?

Werden diese drei Fragen von der unmittelbaren Führungskraft nach 4 Wochen mit „Nein" beantwortet, bleibt zunächst der einfache Weg eines direkten Gesprächs. Dabei wird gegenüber diesem Mitarbeiter klar formuliert, dass eine Veränderung bezüglich dieser drei Fragen erwartet wird. Wenn der Mitarbeiter dies nicht für möglich hält, sollte die Führungskraft bereits jetzt die

Notbremse ziehen. Glaubt der Mitarbeiter hingegen an eine positive Entwicklung, sollte er auch diese Möglichkeit bekommen.

Nach einer angemessenen Frist – i.d.R. weitere 4 – 6 Wochen – werden die Fragen wiederholt und bei nochmaligem dreifachem „Nein", die naheliegende Konsequenz der Trennung vollzogen. Diese Trennung ist sowohl für den Mitarbeiter als auch für das Unternehmen sinnvoll, denn keines der oben bereits genannten Körperteile hat ein positives Signal empfangen und warum sollten sich die Beteiligten dann volle sechs Monate quälen?

Dass es sich tatsächlich um eine Qual handelt, zeigen die nicht enden wollenden Versuche, jeden noch so unbegabten Mitarbeiter zum Verkäufer zu machen. Eine große Zahl von Therapeuten lebt inzwischen von den Opfern.

Der dargestellte Weg hat aber nicht nur negative Implikationen: Beantwortet sich die Führungskraft nach 4 Wochen alle drei Fragen mit „Ja", sollte ebenfalls ein Gespräch mit dem Mitarbeiter gesucht werden. Dabei steht allerdings eine andere Frage im Zentrum: Kennt der Mitarbeiter vielleicht einen interessanten früheren Kollegen? Auch im Personalmanagement und –recruiting gilt, dass das Empfehlungs-Marketing das effizienteste Personalbeschaffungsinstrument ist.

Aber zurück zum Arbeitsbeginn: Geht ein Mitarbeiter den Schritt in ein für ihn neues Unternehmen, so befindet er sich auf unbekanntem Terrain. Damit in der oben beschriebenen 3-Fragen-Beurteilung Fairness erfolgen kann, ist die Servicefunktion der Führungskraft hier an erster Stelle zu nennen. Der „Neue" kennt nicht einmal den Weg zur Toilette. Die Person, die dem Mitarbeiter in dieser Phase der Unsicherheit hilft und ihm die Sicherheit gibt, gewinnt das Herz des Mitarbeiters und damit seine Loyalität.

In der ersten Zeit der Beschäftigung empfehlen sich deshalb auch Tätigkeiten, die der „Neue" schon oder schnell kennt. Je schneller ein Mitarbeiter Sicherheit aufbauen kann, desto beschleunigter wird eine offene Kommunikation erreicht, die wesentlich für ein kreatives, erfolgreiches Arbeiten ist. Nach der ersten Phase der Eingewöhnung werden dann entsprechend dem Flow-Prinzip (*Mihaly Csikszentmihalyi: Flow, 1961*, siehe auch Seite 36, siehe Abbildung 5) individuell formulierte Ziele diesen Mitarbeiter motivieren. Wird er aber bereits kurz nach dem Einstieg deutlich überfordert, ist Demotivation, Stress und oft auch Angst das Ergebnis.

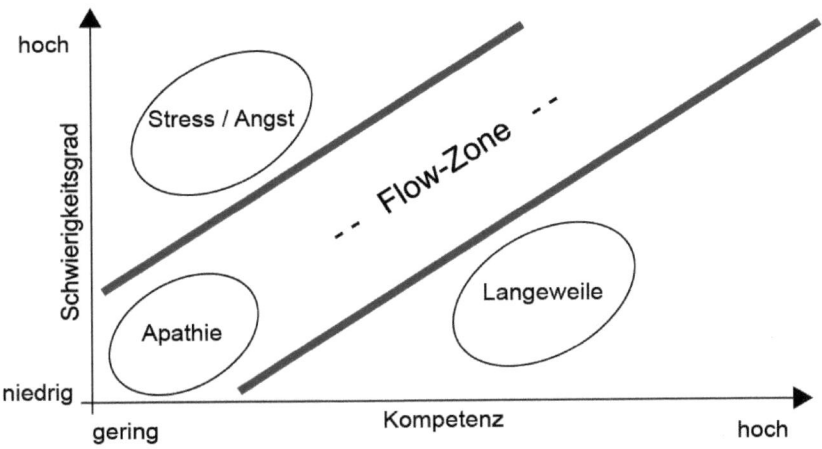

Abbildung 8 (eigene Darstellung in Anlehnung an M. Csikszentmihalyi (2010))

In diesem von Unsicherheit geprägten Umfeld gilt, dass Zuhören das wichtigste Kommunikationsmittel einer Führungskraft ist. Nur wer zuhört, weiß, ob er auch verstanden wurde. Die direkte Kommunikation, das Gespräch, ist der einzige direkte Weg zur Steuerung eines Mitarbeiters und die effizienteste und nicht als solche bemerkte Kontrolle.

In dieser sehr sensiblen Eingewöhnungsphase, aber nicht nur in dieser, ist zu beachten, dass sehr leistungsorientierte Mitarbeiter sich durch das Heranführen an ihre Leistungsgrenzen motivieren lassen. Diese Mitarbeiter erleben den Anreiz einer schwierigen Situation als Ansporn zu noch mehr Leistung und dies sollte zielgerichtet eingesetzt werden. D.h. diese Mitarbeiter sollten sich eher am oberen Rand des Flow-Kanals aufhalten, da wo eher eine Überforderung als eine Unterforderung droht.

Mitarbeiter deren Motivationsstruktur eher auf Misserfolgs-Vermeidung ausgerichtet ist, lassen sich – genauso wie bereits frustrierte Mitarbeiter – über den unteren Rand des Flow-Kanals zu höheren Leistungen führen. Sie werden durch positive Erfolgserlebnisse motiviert.

In einer solchen Situation reagieren die Mitarbeiter vom Typ des Misserfolgs-Vermeiders in der Regel mit Aussagen wie, „da hatte ich ja ausnahmsweise mal Glück!" oder „alleine hätte ich das nie hinbekommen!" oder vielleicht auch „ob das beim nächsten Mal wieder so klappt, das glaube ich ja nicht!". Bestätigen sie diese Mitarbeiter darin, dass die Aufgabe nicht einfach war, aber geben sie ihnen auch die klare Botschaft mit auf den Weg, dass sie das alleine und gut gemacht haben.

Auch für diese Mitarbeiter gibt es nach oben keine natürliche Grenze der Motivation. Es gibt Vorstände und Geschäftsführer, die in diesen Mustern denken und handeln und dabei sehr erfolgreich sind. Diese Menschen gehen nur anders mit Herausforderungen um als leistungsorientierte Erfolgsmenschen, der Antreiber ist schlicht ein anderer.

Misserfolge führen bei demotivierten Mitarbeitern nur zur Bestätigung ihrer Demotivation und sollte deshalb vermieden werden, denn wird der Misserfolg immer wieder bestätigt, steigen solche Menschen irgendwann aus dem Leistungsprozess aus und wechseln in die „Routineabteilung" und sind dort für eine Weile dann sehr zufrieden.

Inwieweit solche Mitarbeiter, die im Extremfall in die innere Kündigung fallen, jemals wieder zurückgeholt werden können, ist fraglich. Oft ist hier nur mit einem neuen Team und einer neuen Führungskraft ein neuer aktiver Weg möglich. Diese Mitarbeiter, für die „alles" ein Problem darstellt, brauchen eine Führungskraft, die aus einem Problem, ein genau beschriebenes Ziel auf nicht sehr hohem Niveau machen.

5.3. Die Katalysatorfunktion im Teamleben

"Wenn Du ein Schiff bauen willst, dann trommle nicht Menschen zusammen, um Holz zu beschaffen, Aufgaben zu vergeben und die Arbeit einzuteilen, sondern lehre sie die Sehnsucht nach dem weiten endlosen Meer." So beschreibt Antoine de Saint Exupéry (1900-1944) die entscheidende Kernkompetenz einer guten Führungskraft. Sie baut auf die Kernkompetenzen jedes Mitarbeiters und die Kenntnis des Unternehmensumfelds, in dem Mitarbeiter oft länger beschäftigt sind, als ihre Führungskräfte. Viel wichtiger ist es die Kollegen in die gestellte Aufgabe mit einzubeziehen und mit ihnen die Vorteilhaftigkeit des Ergebnisses zu entwickeln.

Situation: In einem straff geführten Unternehmen, das sich durch eine detaillierte Zielfunktion und klar strukturierte Prozesse auszeichnete, beschloss eine junge Führungskraft, ein Teamleiter, ihren eigenen Weg zu gehen. Er nutzte die Situation aus, dass seine autoritäre Führungskraft ein Vertriebsdirektor aufgrund der zu großen Führungsspanne in einem dazu regional großen Gebiet, die Kontrolle der Zielerreichung in den einzelnen Regionen zeitnah nur mündlich abfragen konnte, die EDV lieferte aufgrund der im Hintergrund laufenden Kontrollprozesse immer etwas später.

D.h., insbesondere bei Vertriebskampagnen, dass ein kurzes Zeitfenster existierte, in denen der Vertriebsdirektor die Lücke zwischen den tatsächlichen Vertriebszahlen und den gemeldeten Zahlen nicht exakt erkennen konnte. Sein Ziel war es so zeitnah wie möglich zu kontrollieren um schneller als die Kollegen steuern zu können und deshalb holte er sich die vermeintlich „genauen" Zahlen von jedem Teamleiter telefonisch, da die EDV-basierten Ergebnisse ja erst nach einer Revision und Absicherung in der Zentrale an die Vertriebsdirektoren weitergeleitet wurden.

Er hielt sich dabei, eher unbewusst an ein fixes System: Befand sich ein Team im besseren Drittel seiner Mannschaften, beließ der Vertriebsdirektor es bei einem Anruf, ansonsten verstärkte er die Kontrolltätigkeit auch durch direkte Besuche, auf die keiner der Kollegen besonders erpicht war.

Also meldete die junge Führungskraft zu Beginn der regelmäßigen Kampagnen immer Zahlen, von denen sie vermutete, dass sie im oberen Drittel lägen und entwickelte in der so möglichen relativen Ruhe seinen „eigenen" Vertriebsprozess den er mit seinen Mitarbeitern ausgearbeitet und gemeinsam umgesetzt hatte.

Nachdem er mit seinen Leuten diese Vorgehensweise implementiert hatte, die im wesentlichen aus einer Vereinfachung des bestehenden Prozesses, mehr Eigenständigkeit des Einzelnen und der Aussicht von der nächsten Ebene in Ruhe gelassen zu werden, bestand, begann die kreative Arbeit des Teams. Tatsächlich belohnte sich das Team durch gute Ergebnisse selbst, da die vermuteten Vorteile und damit die besseren Ergebnisse tatsächlich eintraten.

Analyse und Hintergrund: Folgt man der Theorie des Management by objectives Ansatzes passiert hier genau das gewollte: Der verantwortliche Vertriebsdirektor orientiert sich an der Zielerreichung und greift nur dann in den Prozess ein, wenn die Zahlen zu schlecht sind. Ob es allerdings die Idee der Entwickler war, dass die Mitarbeiter falsche Zahlen weitergeben um zunächst in Ruhe gelassen zu werden, darf bezweifelt werden.

Eine Führungskraft erfüllt ihre Aufgabe dann gut, wenn es ihr gelingt, gute Mitarbeiter anzuziehen und zu erhalten, aber auch weiterzugeben. Die beste Führungskraft ist die, von der spätere Vorstände oder Bereichsleiter erklären, auf dieser Führungsebene am meisten gelernt zu haben. Und dabei passiert es nicht selten, dass die damalige Führungskraft noch immer diese Position innehat. Hier greift das Peter-Prinzip nicht, denn diese Führungskräfte haben nicht den höchsten Grad ihrer Inkompetenz erreicht. Führungskräfte, die sich durch diese Situation beschreiben lassen, streben nur nicht nach persönlicher Macht. Diese Menschen werden eher durch das Anschlussmotiv getrieben und haben als Führungskraft ihres Teams im Allgemeinen eine hohe Ausprägung im sozialen Machtmotiv.

Hochanschlussmotivierte Mitarbeiter können in jedem Team positiv wirken, wenn sie ihre Freiheiten erhalten. Sie wirken dann wie ein Katalysator.

Innerhalb eines Teams hilft ein Katalysatormitarbeiter einer Führungskraft ganz erheblich. Insbesondere Führungskräfte, die eine gewisse Distanz zu den Mitarbeitern anstreben, werden durch sie erheblich entlastet. Die Definition des Begriffs aus der Chemie macht die inhaltliche Bedeutung klar. Ein Katalysator bezeichnet einen Stoff, der die [Reaktionsgeschwindigkeit](#) einer Reaktion beeinflusst, ohne dabei selbst verbraucht zu werden. D.h. dieser Mitarbeiter unterstützt das Arbeits- und im Veränderungsprozess das Veränderungsverhalten, ohne auf den Inhalt Einfluss zu nehmen - es sei denn, es ist ausdrücklich erwünscht.

Im Persönlichkeitsmodell von Riemann/Thomann wird der Nähe-Typ mit einer Spitze in dieser Ausprägung in der oben beschriebenen Art und Weise gekennzeichnet. Teams ohne Nähe-Typ stehen häufig vor dem Problem, dass es nur eine geringe emotionale Bindung im Team gibt, d.h. informelle Wege nicht positiv im Sinne des Teams genutzt werden können.

Für die Zusammenstellung eines Projektteams kann auch deshalb das Riemann/Thomann-Modell sehr gute Dienste leisten. Allerdings nicht nur dort, auch in bestehenden Abteilungen kann es in diesem Sinne sinnvoll genutzt werden. Im Rahmen des Modells wird bei genauer Betrachtung klar, dass Menschen, die sich bestimmten, extremen Persönlichkeitsprofilen zuordnen lassen, das Verhalten anderer Menschen nicht verstehen können, wenn sie sich der Persönlichkeitsdifferenzen nicht bewusst sind.

Obwohl sie in der gleichen Sprache sprechen, reden sie aneinander vorbei und sind irritiert, sie treffen selten die gleiche Gesprächsebene.

Ausgeprägte Persönlichkeiten haben feste Denkschemata, die sie für allgemeingültig halten und sie verstehen nicht, dass ihr Gesprächspartner das gleiche Thema unter einem ganz anderen Gesichtspunkt durchdenkt. Ist dieses Verständnis aber einmal geweckt, insbesondere bei der Führungskraft, ist es wertvoll, viele Typen in einem Team zu haben.

Beispielsweise sind Teams ohne Wechselausprägung im Sinne von Riemann/Thomann selten kreativ und verlassen auch kaum bereits gespurte Wege. Fehlt der Distanztyp im Team, fehlt der kritische Geist, der auch mal eine vermeintliche Lösung in Frage stellt.

In einem Problemlösungsprozess müssen brachliegende Rollen durch Arbeitsaufträge ausdrücklich besetzt werden. Werden Ziele nur durch eine Brille – z.B. Dauer - verfolgt und sind die Ziele eher unscharf formuliert, werden die Ergebnisse wenig innovativ aber sicher erreicht werden. Wird ein Team von einer Wechsel-Führungskraft dominiert, ist es nicht sicher, dass das Ziel im gegebenen Zeitrahmen überhaupt erreicht wird, aber die Lösung wird sicher innovativ sein.

Erfordern die Probleme eine Weitung des Horizonts der Projektmitglieder, die eventuell über den bisherigen Erfahrungsschatz der Beteiligten hinausgehen, dann wird der Veränderungsprozess der zur Zielerreichung nötig ist, schwierig. Wenn vielleicht aufgrund dieser Bedingungen Empathie im Team nicht erlangt werden kann, ist der Abgleich des Verständnisses vom Auftrag, die wichtigste Aufgabe der Führungskraft und Zuhören wird zum entscheidenden Führungsinstrument.

Ähnlich wie bereits vorher beim Thema „Personalpolitik" wird auch in diesem Abschnitt klar, Menschen sind nicht gleich und von ihrer Natur und auch Kultur her auf sehr unterschiedliche Aufgaben auch im Zusammenleben vorbereitet. Während der Eine die Einzelkämpferaufgaben löst, in die sich ein Mitarbeiter mit hoher Motivation festbeißen muss, ist der Andere wichtig für den

Zusammenhalt des Teams. Er bringt erst die lebendige Kommunikation ins Team und sorgt für den Ausgleich der Interessen.

Nichts spricht dafür, dass jede dieser Mitarbeiter in einem Team das Gleiche leisten müssen, obwohl jeder für das Erzielen von Synergien tatsächlich unabdingbar ist.

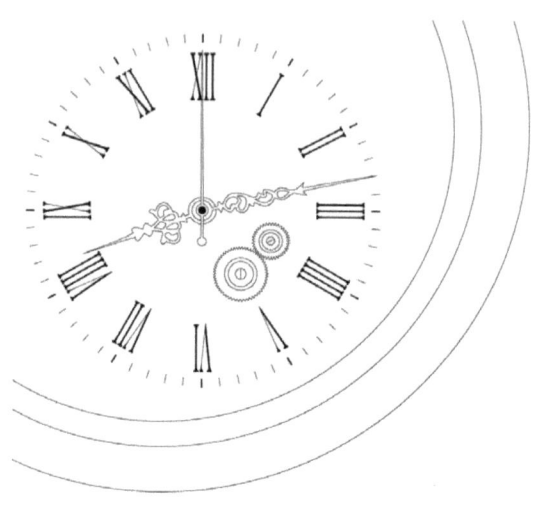

6 DIE KOMMUNI- KATION INNERHALB DES TEAMS

6.1. Die Mitarbeiteranzahl als Einflussfaktor der Team-Leistung

Situation: In einem neu gegründeten Unternehmen – Tochtergesellschaft eines international tätigen Konzerns - der Finanzdienstleistungsbranche leitete eine in Führungsaufgaben relativ unerfahrene Führungskraft eine Abteilung von fünf Mitarbeitern und erlebte in der aufregenden Gründungsphase ein hochkommunikatives Team. Vier Kollegen - hochausgebildet, erstklassige herausragende Fachkompetenz, aber alle frisch aus der Hochschule - saßen in einem Raum, der Leiter saß im Nachbarraum plus Vorzimmer seiner persönlichen, einzigen in ihrer Aufgabe wirklich erfahrenen Assistentin, die die Organisation der Abteilung gewährleistete.

Die Kommunikation zwischen Führungskraft und Mitarbeitern fand rein anlassbezogen statt, trotzdem waren die Mitarbeiter der Abteilung immer hoch motiviert und voll informiert. Sie arbeiteten sehr effizient und effektiv. Es wurden vollständig neue Prozesse gestaltet, top aktuelle Theorien in die Praxis implementiert, in enger Abstimmung mit dem Vertrieb nach einigen Wochen nochmals korrigiert. Innovation wurde auf hohem Niveau gelebt, ohne das eine Veränderung bestehender Strukturen nötig gewesen wäre, weil alles neu war. Ein Team von Entdeckern war unterwegs und erarbeitete Wege, die noch niemand kannte.

Selbst Arbeitstage über zwölf Stunden wurden hoch motiviert akzeptiert und die Abteilung war nach kurzer Zeit in der Lage eine Spitzenstellung am Markt zu erreichen. Zentrale Führungsstrategie war ein laissez-faire Stil. Die Führungskraft verstand ihre Aufgabe ausschließlich im Kontakte nutzen, im beseitigen organisatorischer Hindernisse und in der kommunikativen Arbeit an der eigenen Karriere, das Team lief von alleine.

Aufgrund dieser Erfolgsstory wurde beschlossen, die Abteilung als eigenständige Firma auszugliedern um die Potentiale noch besser zu heben. Selbstverständlich wurde das Team nun ausgebaut. Die Budgets waren inzwischen größer, das Unternehmen bekam Vorschusslorbeeren. In der Konsequenz wurden nun erfahrene Kollegen eingekauft, die den Markt schon kannten und die vermuteten Lücken und Potentiale heben würden.

Aus fünf Mitarbeitern wurden zwölf, die sich nun zwei Aufgabenbereiche teilten, wobei die Hierarchie flach blieb und der Geschäftsführer, der ehemalige Abteilungsleiter, die einzige Führungsposition einnahm. In der Umsetzung – es wurden neue Räume bezogen - teilte sich das Team im Verhältnis vier zu acht – ein Vierer-Zimmer und vier Zweier-Zimmer waren das Ergebnis. Die Leistungen des Teams ließen deutlich nach, der Kommunikationsprozess wurde zunehmend stockender. Der früher im Wesentlichen informelle Abstimmungsprozess, der keinen Entscheider brauchte, weil die Einigung abends beim Bier immer erreichbar war, funktionierte nicht mehr.

Trotz Einführung einer Regelkommunikation fühlten sich große Teile der Mitarbeiter nur mehr schlecht informiert und es kam immer wieder zu Problemen aufgrund von teilweise doppelt erledigter Arbeit.

Die Stimmung selbst im alten Team – inzwischen auf drei Zimmer verteilt – veränderte ihren Charakter. Der Kollege, der am schnellsten in der Praxis angekommen war, dachte an seine Karriere, einer fühlte sich durch die „Praktiker" zurückgesetzt, einer wollte weiter lernen, die beiden anderen merkten gar nichts. Die Atmosphäre wurde professionell, es gab schwebende Konflikte, Information war nicht mehr selbstverständlich. Die neuen „Alten Hasen" machten klar, wo es lang ging. Teile der Prozesse wurden von den alten „jungen unerfahrenen Kollegen" widerwillig korrigiert, denn das Vertrauen in ihre Arbeit war nicht mehr gegeben.

Das neue Unternehmen arbeitete jetzt professionell, branchentypisch. Der Geschäftsführer kümmerte sich um neue Kunden und vergaß die alten, sein Führungsstil gegenüber dem Team veränderte sich nicht. Nur die inzwischen auf drei Personen angewachsene Teamassistenz wurde autoritär geführt.

Im Ergebnis verlor der Geschäftsführer seinen Job, das Unternehmen wurde nun allerdings als zwei Abteilungen wieder reintegriert. Nach wenigen Monaten war vom ursprünglichen ersten Vierer-Team keiner mehr im Unternehmen.

Analyse und Hintergrund: Diese Situation macht deutlich wie wichtig eine offene, von permanenter Kommunikation geprägte Führung ist. Selbst wenn die Mitarbeiter auf einer positiven Wolke schweben, muss die Führungskraft die Kontrolle über den Kommunikations- und Informationsprozess behalten. Die neue Struktur, eine gravierende Veränderung, die die selbstgeschaffenen Strukturen ersetzen muss, führt in ein Tal der Tränen, das aufgrund des gerechtfertigten Euphorie-Gebirges und der hohen Kompetenz der Mitarbeiter dann besonders tief ausfällt.

Die Hilferufe nach Führung, berechtigter Wertschätzung und Hilfe bei der neuen Aufgabe werden nicht erhört. Die Konsequenz ist, das Verweilen im Tal der Tränen und schließlich der vollständige Ausstieg aus dem gesamten, nicht mehr geliebten System, das nur noch erhebliche Schmerzen bereitet.

Produktionsleistung des Teams

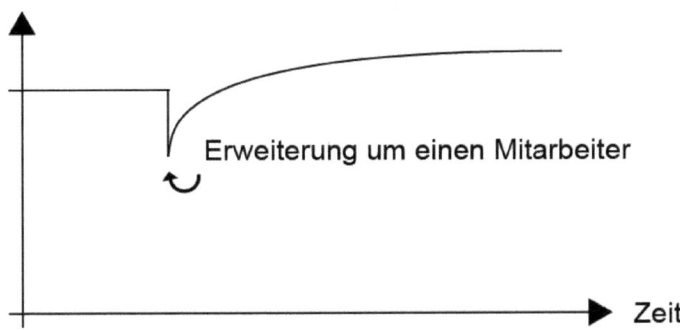

Abbildung 9 (eigene Darstellung in Anlehnung an T. DeMarco (1998), S. 94)

Oben stehende Graphik (Abbildung 9) zeigt den Weg der Produktionsleistung eines Teams in einem kurzen Zeitabschnitt, wenn nur ein neues Teammitglied dazu kommt. Die zusätzlichen Kosten der Kommunikation und Einarbeitung in ein bestehendes Team sind zwingend, aus diesem Dilemma kann niemand aussteigen. Immer dann, wenn Menschen beteiligt sind, verursacht der soziale Prozess ein Abstimmungsverhalten, dass schlicht Zeit kostet und die Leistung des Gesamtteams zunächst fallen lässt. Steigt hier die Führungskraft nicht unterstützend ein, kann sich trotzdem der von allen als nicht positiv erlebte Einbruch stabilisieren.

Dieses Bild, das in ähnlicher Art und Weise jeder Führungskraft vom Thema „Delegation" her bekannt ist, trifft jedes Team. Neue, oft unerfahrene oder zumindest „anders-erfahrene" Mitglieder erfordern zahlreiche neue Nahtstellen und ein erheblich verändertes, zunächst regelmäßigeres Kommunikationsverhalten. Da damit häufig auch eingespielte Bahnen verlassen werden, wird dies allein schon zu einem Veränderungsprozess. Aber selbst gewollte, d.h. bewusst herbeigeführte Erweiterungen erleiden diesen vorübergehenden Kollaps der Leistung, da Erfahrungswissen an allen Positionen verändert wird.

Abhängig von der existierenden Führungsspanne, nimmt der Aufwand der erforderlichen Kommunikationsleistung überproportional zu, deswegen nimmt die tatsächlich mögliche Grenz-Teamgesamtleistung zunehmend ab (Abbildung 10). Das gewünschte Ideal entfernt sich immer weiter von der Realität und der entscheidende Grund ist die zu führende Teamgröße.

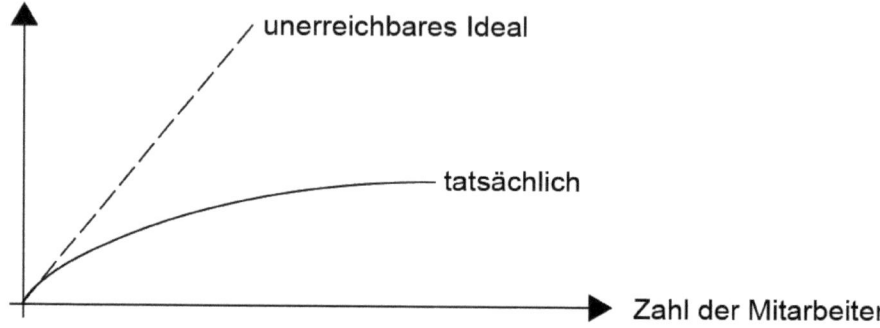

Abbildung 10 (eigene Darstellung in Anlehnung an T. DeMarco (1998), S. 95)

Diese eher enttäuschenden Kurven zeigen sich typischerweise nicht nur in Entwicklungsprojekten sondern auch in Vertriebsteams. Eine besondere Ausprägung kann in sogenannten virtuellen Teams, die nicht an einem Standort konzentriert sind, beobachtet werden.

Sobald die Zahl der Mitarbeiter – d.h. die Führungsspanne – den zweistelligen Bereich erreicht, wird ab einer Überlastungsgrenze der Grenzertrag jedes zusätzlichen Mitarbeiters sogar negativ. Da diese Grenze für jede Führungskraft und für jedes Team anders aussieht, kann sie nicht konkret benannt werden. Je nach Aufgabenstellung, Positionierung und Teamstruktur kann diese Situation aber schon bei Teams von 9 – 10 Mitarbeitern eintreten.

Ein beobachtbares Beispiel hierfür sind häufig die Hauptstellen regionaler Banken. Obwohl der Standort dieser Vertriebseinheiten im Allgemeinen eher als perfekt bezeichnet werden kann, sind die Vertriebsleistungen dieser großen Einheiten – teilweise über 30 Mitarbeiter - pro Kopf gerechnet maximal durchschnittlich. Der Kommunikationsaufwand ist von den Filialleitern vor Ort, die häufig die einzige Führungskraft ohne Gruppenleiter Unterstützung darstellen, einfach nicht zu leisten.

Führungsspannen von über 10 Mitarbeitern sind insbesondere im Dienstleistungssektor nicht effizient zu managen. Alleine der erforderliche Zeitbedarf für die individuelle Begleitung von Mitarbeitern, die an die Teamleistung herangeführt werden sollen, ist kaum aufzubringen. Eine sinnvolle Steuerung, die zunächst eine einfache, situationsgerechte, motivationsneutrale Kontrolle erfordert, kann von den eingesetzten Führungskräften nicht geleistet werden.

6.2. Die Mitarbeiteranzahl im Lichte der Teamsoziologie

Situation: Innerhalb eines Unternehmens, das eine dominante Marktstellung in einer Region erreicht hatte, sollte weiteres Marktpotential gehoben werden. Da aus Kostengründen eine große Zahl von Quereinsteigern rekrutiert worden war, führte der Weg über die Personalentwicklung. Der unerfahrene Leiter der neu zu bildenden Projektgruppe zur Entwicklung eines neuen Qualifikationsinstruments lud für die erste Projektsitzung sowohl Vertreter aus der internen Kundengruppe, als auch Fachexperten, zukünftige Dozenten und Stabsmitarbeiter ein.

Die Unerfahrenheit auf dem Gebiet der Projektarbeit ließen den Projektleiter, die am Ende eines jeden Projekts stehende Umsetzung, vergessen – er möchte zu Projektbeginn niemanden vergessen. Seine Ziele eine möglichst breite Basis und eine praxisnahe Produktentwicklung zu erreichen, verleiteten ihn dazu, 25 Projektmitarbeiter unterschiedlichster Couleur einzuladen.

Gegen Mittag waren die Vorstellungsrunden abgeschlossen, die ja die Eigentümlichkeit besitzen, dass je höher die hierarchische Position eines Mitarbeiters in einem Unternehmen angesiedelt ist, die genutzte Vorstellungszeit überproportional ansteigt. Am Nachmittag bekam dann jeder Teilnehmer die Gelegenheit seine Ideen einzubringen, die selbstverständlich auf Flipchart festgehalten wurden. Abends beschloss man Photokolle zu versenden und sich erst einmal zu vertagen. Da keine Termine mehr vereinbart werden konnten - aufgrund der hohen Teilnehmerzahl - stellte sich das Kalenderproblem als sehr langwierig und zu komplex für diese Sitzung heraus. Ein nötiger Folgetermin – bei dem wieder alle Beteiligten eingeladen werden sollten - blieb daher offen. Die Situation war Verfahren, ein Tag vertan, im Ergebnis waren alle eher unzufrieden.

Aufgrund des nun aufkommenden Zeitdrucks, wurde ein neuer, erfahrener Projektleiter berufen, der nun ein Team von vier Spezialisten bildete, die in wenigen Tagen die Produktentwicklung bis zum Konzept führten, das über einen Verteiler mit enger Zeitvorgabe den internen Kunden zur Diskussion vorgelegt wurde. Das Konzept wurde dann geringfügig modifiziert und von einem zu 80 % neuen Team von Spezialisten operationalisiert.

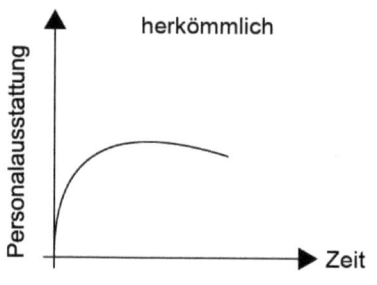 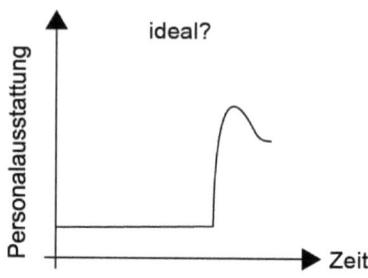

Abbildung 11 (Eigene Darstellung in Anlehnung an T. DeMarco (1998), S. 222)

Analyse und Hintergrund: Zu Beginn eines Veränderungsprojekts, z.B. einer Prozessvariation, wie etwa einer Vertriebskampagne, ist eine enge schnelle Kommunikation entscheidend, um frühe Weichenstellungen richtig vorzunehmen. Beispielhaft sei hier die Führungsarbeit von Jack Welsh (Fritz B. Simon (2004)) zu nennen, der einen Weltkonzern mit Projektteams von 6 Personen leitete, die er passend zum Thema immer wieder neu zusammensetzte. Ein Team von 7 Leuten kann im Zeitrahmen von 15 bis 30 Minuten miteinander reden ohne das große Zeit verschwendet werden muss. Frühstücksrunden, Kafferunden nach dem Mittag und Abends noch ein kurzes Abschlussgespräch reichen aus, um ein ganzes Team immer perfekt informiert zu haben, ohne e-mails, ohne Seitenlange Protokolle von Marathon-Sitzungen.

Diese Erfahrung ist auch nicht neu. Wieder findet man bereits bei den Märchen der Gebrüder Grimm ein Beispiel dafür, wie lang dieses Erfahrungswissen über das soziale Zusammenleben von Menschen bereits in unserer Gesellschaft vermauert ist, obwohl die Unternehmensberatungen in den deutschen Unternehmen immer wieder etwas anderes behaupten:

Sechse kommen durch die ganze Welt

Es war einmal ein Mann, der verstand allerlei Künste; er diente im Krieg und hielt sich brav und tapfer, aber als der Krieg zu Ende war, bekam er den Abschied und drei heller Zehrgeld auf den Weg. „Wart", sprach er, „das lass' ich mir nicht gefallen, finde ich die rechten Leute, so soll mir der König noch die Schätze des ganzen Landes herausgeben." Da ging er voll Zorn in den Wald und sah einen darin stehen, der hatte sechs Bäume ausgerupft, als wären's Kornhalme. Sprach er zu ihm: „Willst du mein Diener sein und mit mir ziehen?" – „Ja", antwortete er, „aber erst will ich meiner Mutter das Wellchen Holz heimbringen", und nahm einen von den Bäumen und wickelte ihn um die fünf anderen, hob die Welle auf die Schulter und trug sie fort. Dann kam er wieder und ging mit seinem Herrn, der sprach: „Wir zwei sollten wohl durch die ganze Welt kommen."
Und als sie ein Weilchen gegangen waren, fanden sie einen Jäger, der lag auf den Kein, hatte die Büchse angelegt und zielte. Sprach der Herr zu ihm: „Jäger, was willst du schießen?" Er antwortete: „Zwei Meilen von hier sitzt eine Fliege auf dem Ast eines Eichbaums, der will ich das linke Auge herausschießen." – „Oh, geh mit mir", sprach der Mann, „wenn wir drei zusammen sind, sollten wir

wohl durch die ganze Welt kommen." Der Jäger war bereit und ging mit ihm, und sie kamen zu sieben Windmühlen, deren Flügel trieben ganz hastig herum, und ging doch links und rechts kein Wind, und es bewegte sich kein Blättchen. Da sprach der Mann: „Ich weiß nicht, was die Windmühle treibt, es regt sich ja kein Lüftchen", und ging mit seinen Dienern weiter, und als sie zwei Meilen fortgegangen waren, sahen sie einen auf einem Baum sitzen, der hielt sich das eine Nasenloch zu und blies aus dem andern. „Mein, was treibst du da oben?" fragte der Mann. Er antwortete. Zwei Meilen von hier stehen sieben Windmühlen, seht, die blase ich an, dass sie laufen." – „Oh, geh mit mir", sprach der Mann, „wenn wir vier zusammen sind, sollten wir wohl durch die ganze Welt kommen." Da stieg der Bläser herab und ging mit. Und über eine Zeit sahen sie einen, der stand da auf einem Bein, und hatte das andere abgeschnallt und neben sich gelegt. Da sprach der Herr: „Du hast dir's ja bequem gemacht zum Ausruhen." – „Ich bin ein Läufer", antwortete er, „und damit ich nicht gar zu schnell springe, habe ich mir das eine Bein abgeschnallt; wenn ich mit zwei Beinen laufe, so geht's geschwinder, als ein Vogel fliegt." – „Oh, geh mit mir, wenn wir fünf zusammen sind, sollten wir wohl durch die ganze Welt kommen." Da ging er mit, und gar nicht lang, so begegneten sie einem, der hatte ein Hütchen auf, hatte es aber ganz auf dem einen Ohr sitzen. Da sprach der Herr zu ihm: „Manierlich! Manierlich! Häng deinen Hut doch nicht auf ein Ohr, du siehst ja aus wie ein Hans Narr." – „Ich darf's nicht tun", sprach der andere, „denn setz' ich meinen Hut gerad, so kommt ein gewaltiger Frost, und die Vögel unter dem Himmel erfrieren und fallen tot zur Erde." – „Oh, geh mit mir", sprach der Herr, „wenn wir sechs zusammen sind, sollten wir wohl durch die ganze Welt kommen."

Nun gingen die sechse in eine Stadt, wo der König hatte bekanntmachen lassen, wer mit seiner Tochter um die Wette laufen wollte und den Sieg davontrüge, der sollte ihr Gemahl werden; wer aber verlöre, müsste auch seinen Kopf hergeben. Da meldete sich der Mann und sprach: „Ich will aber meinen Diener für mich laufen lassen." Der König antwortete: „Dann musst du auch noch dessen Leben zum Pfand setzen, also dass sein und dein Kopf für den Sieg haften." Als das verabredet und festgemacht war, schnallte der Mann dem Läufer das andere Bein an und sprach zu ihm: „Nun sei hurtig und hilf, dass wir siegen." Es war aber bestimmt, dass, wer am ersten Wasser aus einem weit abgelegenen Brunnen brächte, der sollte Sieger sein. Nun bekam der Läufer einen Krug und die Königstochter auch einen, und sie fingen zu gleicher Zeit zu laufen an; aber in einem Augenblick, als die Königstochter erst eine kleine Strecke fort war, konnte den Läufer schon kein Zuschauer mehr sehen, und es war nicht anders, als wäre der Wind vorbeigesaust. In kurzer Zeit langte er bei dem Brunnen an, schöpfte den Krug voll Wasser und kehrte wieder um. Mitten aber auf dem Heimweg überkam ihn eine Müdigkeit, da setzte er den Krug hin, legte sich nieder und schlief ein. Er hatte aber einen Pferdeschädel, der da auf der Erde lag, zum Kopfkissen gemacht, damit er hart läge und bald wieder erwachte. Indessen war die Königstochter, die auch gut laufen konnte, so gut es ein gewöhnlicher Mensch vermag, bei dem Brunnen angelangt, und eilte mit ihrem Krug voll Wasser zurück; und als sie den Läufer da liegen und schlafen sah, war sie froh und sprach: „Der Feind ist in meine Hände gegeben", leerte seinen Krug aus und sprang weiter. Nun wäre alles verloren gewesen, wenn nicht zu gutem Glück der Jäger mit seinen scharfen Augen oben auf dem Schloss gestanden und alles mit angesehen hätte. Da sprach er: „Die Königstochter soll doch gegen uns nicht aufkommen", lud seine Büchse und schoss so geschickt, dass er dem Läufer den Pferdeschädel unter dem Kopf wegschoss, ohne ihm weh zu tun. Da erwachte der Läufer, sprang in die Höhe und sah sein Krug leer und die Königstochter schon weit voraus war. Aber er verlor den Mut nicht, lief mit dem Krug wieder zum Brunnen zurück, schöpfte aufs neue Wasser und war noch zehn Minuten eher als die Königstochter daheim. „Seht ihr", sprach er, „jetzt hab' ich erst die Beine aufgehoben, vorher war's gar kein Laufen zu nennen."

Den König aber kränkte es und seine Tochter noch mehr, dass sie so ein gemeiner abgedankter Soldat davontragen sollte; sie ratschlagten miteinander, wie sie ihn samt seinen Gesellen los würden. Da sprach der König zu ihr: „Ich habe ein Mittel gefunden, lass dir nicht bang sein, sie sollen nicht wieder heimkommen!", und sprach zu ihnen: „Ihr sollt euch nun zusammen lustig machen, essen und trinken", und führte sie zu einer Stube, die hatte einen Boden von Eisen, und die Türen waren auch von Eisen, und die Fenster waren mit eisernen Stäben verwahrt. In der Stube war eine Tafel mit köstlichen Speisen besetzt, da sprach der König zu ihnen: „Geht hinein und lasst's euch wohl sein." Und wie sie darinnen waren, ließ er die Türen verschließen und verriegeln. Dann ließ er den Koch kommen und befahl ihm, ein Feuer so lang unter die Stube zu machen, bis das Eisen glühend würde. Da tat der Koch, und es ward den sechsen in der Stube, während sie an der Tafel saßen, ganz warm, und sie meinten, das käme vom Essen; als aber die Hitze immer größer ward und sie hinaus wollten, Türe und Fenster aber verschlossen fanden, da merkten sie, dass der König Böses im Sinne gehabt hatte und sie ersticken wollte. „Es soll ihm aber nicht gelingen", sprach der mit dem Hütchen, „ich will einen Frost kommen lassen, vor dem sich das Feuer schämen und verkriechen soll." Da setzte er sein Hütchen gerade, und also bald fiel ein Frost, dass alle Hitze verschwand und die Speisen auf den Schlüsseln anfingen zu frieren. Als nun ein paar Stunden herum waren und der König glaubte, sie wären in der Hitze verschmachtet, ließ er die Türe öffnen und wollte selbst nach ihnen sehen. Aber wie die Türe aufging, standen sie alle sechs da, frisch und gesund, und sagten, es wäre ihnen lieb, dass sie heraus könnten, sich zu wärmen, denn bei der großen Kälte in der Stube frören die Speisen in den Schüsseln fest. Da ging der König voll Zorn hinab zu dem Koch, schalt ihn und fragte, warum er nicht getan hätte, was ihm wäre befohlen worden. Der Koch aber antwortete: „Es ist Glut genug da, seht nur selbst." Da sah der König, dass ein gewaltiges Feuer unter der Eisenstube brannte, und merkte, dass er den sechsen auf diese Weise nichts anhaben könnte.

Nun sann der König aufs neue, wie er der bösen Gäste los würde, ließ den Meister kommen und sprach: „Willst du Gold nehmen und dein Recht auf meine Tochter aufgeben, so sollst du haben, soviel du willst." – „O ja, Herr König", antwortete er, „gebt mir so viel, als mein Diener tragen kann, so verlange ich eure Tochter nicht." Das war der König zufrieden, und jener sprach weiter: „So will ich in vierzehn Tagen kommen und es holen." Darauf rief er alle Schneider aus dem ganzen Reich herbei, die mussten vierzehn Tage lang sitzen und einen Sack nähen. Und als er fertig war, musste der Starke, welcher Bäume ausrupfen konnte, den Sack auf die Schulter nehmen und mit ihm zu dem König gehen. Da sprach der König: „Was ist das für ein gewaltiger Kerl, der den hausgroßen Ballen Leinwand auf der Schulter trägt?", erschrak und dachte: Was wird der für Gold wegschleppen! – Da hieß er eine Tonne Geld herbringen, die mussten sechzehn der stärksten Männer tragen, aber der Starke packte sie mit einer Hand, steckte sie in den Sack und sprach: „Warum bringt ihr nicht gleich mehr, das deckt ja kaum den Boden." Da ließ der König nach und nach seinen ganzen Schatz herbeitragen, den schob der Starke in den Sack hinein, und der Sack ward davon noch nicht zur Hälfte voll. „Schafft mehr herbei", rief er, „die paar Brocken füllen nicht!" Da mussten noch siebentausend Wagen mit Gold in dem ganzen Reich zusammengefahren werden: die schob der Starke samt den vorgespannten Ochsen in seinen Sack. „Ich will's nicht lange besehen", sprach er, „und nehmen, was kommt, damit der Sack nur voll wird." Wie alles darin stak, ging doch noch viel hinein, da sprach er: „Ich will dem Ding nun ein Ende machen, man bindet wohl einmal einen Sack zu, wenn er auch noch nicht voll ist." Dann huckte er ihn auf den Rücken und ging mit seinen Gesellen fort.

Als der König nun sah, wie der einzige Mann des ganzen Landes Reichtum forttrug, ward er zornig und ließ seine Reiterei aufsitzen, die sollten den sechsen nachjagen, und hatten Befehl, dem Starken den Sack wieder abzunehmen. Zwei Regimenter holten sie bald ein und riefen ihnen zu: „Ihr seid Gefangene, legt den Sack mit dem Gold nieder, oder ihr werdet zusammengehauen!" – „Was sagt ihr?" sprach der Bläser. „Wir wären Gefangene? Eher sollt ihr sämtlich in der Luft herumtanzen", hielt das eine Nasenloch zu und blies mit dem andern die beiden Regimenter an, da fuhren sie auseinander und in die blaue Luft über alle Berge weg, der eine hierhin, der andere dorthin. Ein Feldwebel rief um Gnade, er hätte neun Wunden und wäre ein braver Kerl, der den Schimpf nicht verdiente. Da ließ der Bläser ein wenig nach, so dass er ohne Schaden wieder herabkam, dann sprach er zu ihm: „Nun geh heim zum König und sag, er sollte nur noch mehr Reiterei schicken, ich wollte sie alle in die Luft blasen." Der König, als er den Bescheid vernahm, sprach: „Lasst die Kerle gehen, die haben etwas an sich." Da brachten die sechs den Reichtum heim, teilten ihn unter sich und lebten vergnügt bis an ihr Ende.

Bei Großteams ist es nahe liegend zu vermuten, dass der Aufwand einer Nahtstellenminimierung sich nicht lohnt, da ja alle etwas zu tun haben wollen. Dass damit der Anfang vom Ende bereits geschaffen wird, ist häufig unklar. Viele Nahtstellen erfordern viel Kommunikation, und lassen auf jeder Stufe weitere Konfusion und ausferndes Protokollwesen entstehen. Die nicht mehr zuverlässig funktionierende Ablage ist das nächste Problem. Jede Nahtstelle trägt in sich die Frage, wer muss was bis wann wissen? Insbesondere das Wann, ist bei einem aggressiven Zeitplan irgendwann nicht mehr zu regeln, da alleine die Lösung dieses Problems enorme Kapazitäten frisst. Wird großzügiger bei überschaubaren Nahtstellen geplant und gearbeitet, wird an dieser Stelle gar kein Sonder-Aufwand benötigt.

Situation: Der Vorstand eines weltweit tätigen Konzerns, der nach langer Tradition und regionaler Marktführerschaft mit abnehmenden Absatzzahlen zu kämpfen hatte, beschloss einen aggressiven Schritt. Im Rahmen einer Projektgruppe, die sich zu einem mehrtägigen Intensivworkshop traf, wurde eine neue, globale Vertriebsstrategie entwickelt.

Da der konzipierte Ansatz den gesamten Konzern betraf, waren alle internen Abteilungen vertreten sowie alle Lieferanten. Da der Lieferantenmarkt eine oligopolistische Struktur mit wenigen Anbietern hatte, war dies von der Kopfzahl leicht möglich. Um eine schnelle Umsetzbarkeit zu gewährleisten, wurden nicht nur die Leiter der Abteilungen eingeladen, sondern auch hierarchieübergreifend Mitarbeiter aller operativen Ebenen. So entstand um ein Kern-Team von fünf Personen ein Projektteam von knapp über 40 Teilnehmern.

Um arbeitsfähige Einheiten zu erhalten, wurden in der Konsequenz Arbeitspakete geschnürt, die Arbeitsgruppen von 4 bis 10 Teilnehmern entstehen ließen, die sich mit jedem Abschnitt des Vertriebsprozesses beschäftigten und grundsätzlich alles in Frage stellten.

Insbesondere die Lieferanten standen während des gesamten Prozesses in Verbindung mit ihren Unternehmen um eventuelle Rückfragen in kürzester Zeit entscheiden zu können. Die Arbeit sollte in drei mal vier tägigen Intensivworkshops erledigt werden, in einem Zeitrahmen von sechs Wochen. Der Leiter hatte die Kompetenz den Zeitrahmen um zwei Wochen und einen weiteren vier tägigen Intensivworkshop zu erweitern, das wusste aber nur der Leiter und der im Lenkungsausschuss vertretene Vorstand.

Die Regelkommunikation im Projekt bestand aus einer formarmen Präsentation am Abend aus jeder Projektgruppe, die von einem Moderator begleitet wurden. In der Nacht erstellte ein Spezialisten-Team eine Powerpoint-Präsentation für das Gesamtteam, die dann morgens in einem Zeitrahmen von maximal 30 Minuten als Ergebniszusammenfassung präsentiert wurde. Dann begann die Arbeit in teilweise neuen Arbeitsgruppen.

Da bekannt war, dass emotionale Störungen zu erheblichen Zeitverlusten führen könnten und diese kompakte Projektstruktur sogar gänzlich zerstören könnte, ermittelte der Leiter allabendlich das Stimmungsbild des Teams über ein Stimmungsbarometer, das mit Klebepunkten geformt wurde. Auf diesem Wege fiel auf, dass insbesondere das IT-Thema das Vorwärtskommen und die Stimmung im Projektteam stark belastete.

In der Konsequenz wurde das Thema nach Eskalation in den Lenkungsausschuss kurzerhand herausgelöst und einer eigenen Projektgruppe mit anderem Zeitrahmen zur Lösung übertragen. Für das Gesamtprojekt wurde eine mögliche Übergangslösung, die schnell umsetzbar war, beschlossen. Der dritte Abend der zweiten Workshop-Runde beendete die Projektarbeit in einem hoch emotionalen Fest, denn alle waren bis an die Grenzen ihrer Belastbarkeit gegangen, sowohl was die Selbstdisziplin als auch was den Arbeitseinsatz anging.

Analyse und Hintergrund: Die Arbeit mit kleinen Gruppen führt zu kurzen, effektiven Besprechungen. Nur die müssen da sein, die die Information benötigen und von denen klar ist, dass sie die Information auch unverzüglich an die richtigen Stellen weiterleiten. Jede zusätzliche Person vervielfältigt die Kommunikationsmöglichkeiten, und damit die Möglichkeit von Missverständnissen und Fehlern. Aber genau dies sind die Aspekte, die ein beträchtliches Konfliktpotential aufweisen und damit regelrecht Zeit fressen.

6.3. Die Visualisierung zur Förderung der Teamprozesse

Die Präsentation von Zahlen und Ergebnissen sind ein beliebter Gliederungspunkt auf der Agenda von Meetings. Hier wird Zeit in volkswirtschaftlich relevantem Umfang verschwendet. Die scheinbar klare Darstellung von Kennzahlen in Excel-Tabellen ist weder sinnvoll noch hilfreich. Das Ziel dieser Aktion ist in der Regel die Information über den aktuellen Stand und die Entwicklung, kurz- und langfristig. Das ist aus einer Tabelle sicherlich erkennbar, bedarf aber oft einer Erläuterung und zwingend guter Augen.

Solche Beiträge führen nur dazu, dass dem Referenten niemand mehr zuhört. Alle sind mit zusammengekniffenen Augen in der Tabelle – oft Schriftgröße 8 - auf der Suche nach den für sie relevanten Zahlen. Jeder vergleicht sich mit seinem Leitungskollegen, will den Abstand zum Nächsten berechnen und kalkuliert bereits im Kopf das nächste Quartal. Das Ergebnis sind unterschiedlich informierte Mitarbeiter, obwohl die Führungskraft vom Gegenteil ausgeht, weil sie ja alle Zahlen aufgelegt und auch erläutert hat.

Am einfachsten lässt sich das Problem durch eine optische Aufbereitung lösen, hier wird die beabsichtigte Wirkung im Allgemeinen „auf einen Blick" erkannt. Selbst Laien verstehen Wirtschaft dann auf einen Blick. Ein plastisches Beispiel findet sich im Roman „Das war ich nicht" von Kristof Magnusson in dem einer der Protagonisten folgendes erklärt: „Es war ein ganz normaler Handelstag gewesen, ohne große Verluste. Ich war einfach müde gewesen. Deswegen hatte ich für einen Moment so dumm in die Gegend geglotzt, gleichgültig, als würde ich mir eine Fernsehwerbung ansehen. Doch mit dem abgeschmierten Chart dahinter sah es so aus, als sei ich am Boden zerstört. Ich. Verzweifelt. (S.80 f)"

Situation: Im Rahmen einer Weiterentwicklungsmaßnahme für junge Führungskräfte in einer Bank, wurde ein offenes Training angesetzt. Thema war die Effizienzsteigerung in der Kommunikation mit den Mitarbeitern. Gleichzeitig sollte aber auch eine Entwicklung zur Steigerung der Motivation der Mitarbeiter erreicht werden, die insbesondere auf den Begriff „Ziel" eher emotional und ablehnend reagierten.

Die Kreativität der Teilnehmer kannte keine Grenze. Sie entwickeln Darstellungen der Teamzielerreichung, die einen sportlichen, spielerischen oder anders feldverlagernden Charakter hatten. Die Vorteile einer solchen Darstellung waren klar erkennbar: Das Team wusste immer wo es stand. Aus Produktzielen wurden Spielfiguren auf einem Spielfeld oder Magnete die Pferde darstellten, die sich auf einer Magnettafel ein Pferderennen lieferten. Als besonders prägend zeigte sich, dass das Thema „Ziele" im Rahmen der Mitarbeiter-Führungskräfte-Kommunikation deutlich entkrampft und einen erheblich geringeren Zeitaufwand benötigte.

Eine Woche nach dem ersten Workshop fragte der Moderator die Projektleiterin nach den Rückmeldungen der Teilnehmer und erhielt von einer deutlich uninteressierten Projektverantwortlichen die eher pikierte Antwort: „Jetzt basteln alle!?!" Der zweite Teil der Maßnahme folgte fünf Wochen später.

Nachdem die Projektleiterin im ersten Teil nur die Eröffnung gestaltet und sich dann wegen Überlastung verabschiedet hatte, nahm sie den zweiten und dritten Teil komplett wahr, da bereits nach dem ersten Monat eine spürbare Verbesserung der Vertriebszahlen zu erkennen war, ohne dass tatsächlich wesentlich mehr als eine transparente Vertriebsteam-Zieldarstellung verändert worden wäre.

Analyse und Hintergrund: Die Wirkung als Zeitsparer in der Führungskräfte-Mitarbeiter-Kommunikation, transparentes Informations- und Kontrollinstrument, wird wohl erheblich gesteigert durch die Präsenz der Abbildung und besonders durch die Transparenz der Kontrolle, die nicht als solche empfunden wird.

Die ständig sichtbare Zustandsbeschreibung weckt die Aufmerksamkeit der Mitarbeiter und führt zur selbständigen Fokussierung auf die richtigen Ziele, die nicht mehr als negativ empfunden werden.

Graphische hand outs, sind ebenfalls eine sehr gute Unterstützung. Obwohl Tabellen nur einem geringen Prozentsatz von Mitarbeitern helfen, sollte als Hand out nicht auf sie verzichtet werden, denn auch der „Zahlenmensch" will bedient sein. Da die Graphiken aus den Tabellen heraus entstehen, bleibt der Aufwand hierfür gering.
Vorsicht ist geboten bei sogenannten „Rennlisten", bei Einzelwettbewerben. Hier spielt die Kultur eine große Rolle: Key Accounter und Private Banker beispielsweise stehen beim Kunden im Einzelwettbewerb, hier sind Einzelrankings angebracht. Zu beachten ist hier aber beispielsweise der Tiger Woods-Effekt, der folgenden Zusammenhang beschreibt.

Die konkurrierenden Golfer von Tiger Woods, der lange Zeit dominierenden Persönlichkeit auf den Golfplätzen der Welt, lieferten signifikant bessere Ergebnisse ab, wenn Tiger Woods nicht im gleichen Turnier spielte. War er im Turnier, fallen die Ergebnisse der anderen Golfer deutlich schlechter aus, alleine durch seine Anwesenheit.

D.h. gibt es einen überragenden Mitarbeiter, führt die öffentliche Führung eines Einzelrankings in der Regel zur Verschlechterung des Gesamtergebnisses, da die Mehrzahl der Kollegen mit einem Leistungsabfall reagieren.

Orientiert sich eine Vertriebsstrategie aber an Vertriebsteams, in denen Sachbearbeiter und Servicemitarbeiter die Kundenbetreuer und Vertriebler unterstützen, d.h. steht die Teamleistung im Zentrum, machen Einzelrankings gar keinen Sinn.

6.4. Die Rituale als kommunikationserleichternde Ereignisse

Rituale können im Zusammenhang von Meetings und Teamarbeit hilfreich sein, denn sie werden gern besucht, weil sie Sicherheit geben. Konrad Lorenz hat dies in seinem Werk „..." so formuliert: „Spotten wir also nicht über das Gewohnheitstier im Menschen, das seine Gepflogenheiten zum Ritus erhoben hat und mit einem Starrsinn daran festhält, der einer besseren Sache wert zu sein scheint: es gibt nur wenige bessere Sachen! Wenn das Gewohnte sich nicht in der geschilderten Weise verfestigen und verselbständigen würde, wenn es sich nicht zum geheiligten Selbstzweck erhöbe, gäbe es keine glaubhafte Mitteilung, keine vertrauenswürdige Verständigung, keine Treue und kein Gesetz. Schwüre binden nicht, und Verträge gelten nicht, wenn die vertragsschließenden Partner nicht eine Grundlage unverbrüchlicher, zu Riten gewordener Gepflogenheiten gemeinsam haben, bei deren Durchbrechung sie von einer magischen Vernichtungsangst befallen werden."

Frühstücksrunden, die Kaffeerunde nach der Mittagspause, abendliche Abschlussgespräche, Stammtische – ja sogar gemeinsame sportliche Aktivitäten können sich je nach Mitarbeiterstruktur anbieten und sollten von der Führungskraft gefördert werden.

Selbst wenn in langen Phasen diese Runden private Themen zum Inhalt haben, ist es recht einfach in solche Riten berufliche Impulse zu integrieren, ja sie zeitweise zu echten Projektsitzungen zu wandeln, ohne dass die Mitarbeiter das Gefühl erleben, sie müssten etwas von ihrer privaten Zeit abgeben.

6.5. Die Synergieaus(f)löser Druck und Angst im Teamalltag

Neben der Struktur im Inneren verantwortet die Führungskraft auch das Verhalten des Teams nach Außen und ist für die Eindrücke und Informationen von außen verantwortlich.

Führungskräfte benötigen als Nahtstelle nach außen in der Regel breite Schultern und ein gutes Stehvermögen. Als Leuchtturm schützen sie ihre Mitarbeiter auch vor der hereinbrechenden Brandung zorniger und damit häufig unfairer Vorgesetzter. Deren Wut entsteht häufig aus der Angst die Kontrolle über ihre Abteilung zu verlieren, nicht jede Information zu bekommen, schlicht Kontrollverluste zu erleben und zu erleiden. Arbeitsanweisungen in denen Treffen von Mitarbeitern ohne ihre Führungskraft im Unternehmen untersagt werden, sprechen eine deutliche Sprache.

„Angst essen Seele auf", lautet ein Filmtitel von Rainer Werner Fassbinder, der die emotionale Zerstörung der Beziehung zweier Menschen zeigt und genau dies müssen sie als Führungskraft in ihrer Sandwichposition als Geführter und Führender verhindern.

Wenn die ihnen überantworteten Mitarbeiter mit Angst ins Unternehmen kommen, verliert ihr Team die Seele. Margit Schönberger hat dies so formuliert: „Dann nickt man morgens den Kollegen zu, mit dem wissenden Blick, der sagt: Auch schon das Gehirn an der Garderobe abgegeben? Und abends begeben sich alle in die Tiefgarage, um die Fluchtautos zu besteigen."
Situation: In einem im blauen Ozean befindlichen Unternehmen, dessen Wettbewerb aber besonders durch die operationalen Leiter nach innen gepflegt wurde, konstatierte der Divisionsleiter einer Gruppe: „Sie sollten morgens ihr Gehirn abgeben und es sich abends wieder abholen. Denn sie denken alle nicht im Sinne des Unternehmens und im Vertrieb sollen sie arbeiten, nicht denken! Sie brauchen kein Fachwissen!"

Diese Einstellung gepaart mit ungeheurem Kontrolldruck, ständigen Drohungen bezüglich Degradierung, hoher Fluktuation bei den Führungskräften die zunehmend jünger und höriger arbeiteten, verbreitete sich ein Klima, das die Führungskraft isolierte und die Vertriebsmitarbeiter näher zusammenrücken ließ gegen die Führungskraft und für das Unternehmen – bis die Schmerzgrenze erreicht war, dann ging man.

Analyse und Hintergrund: Wer das Wertesystem eines Teams manipuliert oder gar zerstört, verändert automatisch die Abläufe. Der Mensch als soziales Wesen schafft sich in einer Gruppe im Allgemeinen ein selbständiges Kommunikationssystem oder passt sich im Rahmen eines bestehenden Systems ein von Vertrauen und Ritualen geprägtes Kommunikationsumfeld, in dem er sich wohl fühlt und geführt von seinem Alpha-Menschen der zu lösenden Aufgaben widmet.

Wird dieses System an den emotionalen Wurzeln vergiftet, findet selbständige Kommunikation nur noch in geringem Maße statt, denn wem kann der Mitarbeiter nun noch vertrauen, wenn die Gewohnheiten nichts mehr gelten, soziales Verhalten nicht mehr alltäglich ist? Gefühlt gangbare Wege werden seltener, Kommunikation wird nur mehr sparsam fließen.

Dies führt im betrieblichen Kommunikationsprozess zu verstärkter Kontrolle, denn was früher von alleine lief, stockt plötzlich und soll nun durch die Kontrolle erzwungen werden, der Führungsaufwand steigt, der vielleicht vorher schon durch eine zu große Führungsspanne kaum zu bewältigen war. Ein noch autoritärer Stil wird erzwungen um Zeit zu sparen.

In der Folge wird das Ergebnis nach einer kurzen positiven Spitze – die die Führungskraft in ihrem Vorgehen bestätigt - noch schlechter aufgrund nicht mehr abgestimmter Prozesse und zunehmender Fehler. Der Versuch aus diesem Teufelskreis auszubrechen, führt häufig mit Unterstützung weiterer Führungsebenen paradoxerweise zu nochmals verstärkter Kontrolle und zu noch mehr Verängstigung.

Situation: Das betrachtete Unternehmen gehörte zu den wichtigsten Arbeitgebern der Region. Nach einer bedeutenden Krise sollte das Unternehmen wieder auf die Beine gestellt werden.

Im Rahmen eines Effizienzsteigerungsprojekts wurden deshalb alle acht Führungskräfte - einer speziellen Vertriebsdivision für eine besondere Zielgruppe – von externen Trainern begleitet. Die acht Abteilungen bestanden aus jeweils acht bis zehn Mitarbeitern an jeweils ein bis zwei Standorten. Die Führungskraft, die im Teamranking zu Beginn der Maßnahme auf Platz acht lag, profitierte am meisten von der Maßnahme und erreichte durch eine konsequente Umsetzung dreier Verhaltensänderungen innerhalb von sieben Monaten Platz eins in der Zielerreichung aller acht Einheiten.

Er hatte es geschafft, sein Team vom Vertrieb wieder zu begeistern und mit Konsequenz und intensiver Kommunikation mit seinen Mitarbeitern einen nachhaltigen Führungsprozess zu installieren ohne Stress zu verbreiten.

Zum Abschlussgespräch brachte der Teamleiter voll Stolz eine Auszeichnung mit, die er von der Vertriebssteuerung erhalten hatte. Der Verlauf des dann folgenden Sechs-Augen-Gesprächs war ungewöhnlich.

Der Leiter der Division stellte an den Gruppenleiter die Frage: „Was haben sie denn verändert?" Die Frage erschien inhaltlich ungewöhnlich, da der Divisionsleiter im Rahmen des Projekts in den gesamten Mailverkehr und durch übliche Mitarbeitergespräche in den Prozess eingebunden war. Nichtsdestotrotz beantwortete sein Mitarbeiter die Frage kurz und treffend.

Der Divisionsleiter erwiderte: „Ich habe sie nicht verstanden, erklären sie es mir doch!" Leicht nervös werdend, antwortete der Gruppenleiter, der schon häufiger wenig positive Situationen mit seinem Chef erlebt hatte, nun ausführlicher. Die Antwort des Divisionsleiters blieb identisch: „Ich verstehe sie nicht!"

Die Gesichtsfarbe des Gruppenleiters zeigte inzwischen den empfundenen Druck. Seine Atmung wirkte gepresst, sprechen war für ihn kaum noch möglich. Nun sprang der Trainer ein und erläuterte nochmals die Verhaltensänderung mit fast den gleichen Worten. Die Antwort des Divisionsleiters: „Warum habe ich es jetzt verstanden? Warum können sie es mir nicht erklären? Außerdem muss ich ihnen sagen, dass sie ihre deutliche Ergebnisverbesserung nur meinen Gesprächen mit den Mitarbeitern zu verdanken haben, sie sind unfähig und wir werden morgen Vormittag noch ein weiteres Gespräch führen – bei der Personalabteilung. Auf Wiedersehen."

Der Trainer sollte noch bleiben. Dem Trainer wurde dann mitgeteilt, dass der Gruppenleiter morgen degradiert werden würde und dass dies nichts mit der Trainerleistung zu tun hätte, der Mann wäre schlicht unfähig.

Im Nachhinein erfuhr der begleitende Trainer, dass die Stelle „dieses aussichtslosen Falles" bereits zu Beginn des Projekts verplant worden war und das „Coaching" nur den drohenden Arbeitsprozessen vorbeugend dienen sollte.

In den folgenden Wochen meldete sich der Gruppenleiter auf unbestimmte Zeit wegen psychischer Probleme krank, der Trainer lehnte weitere Aufträge aus dem Haus ab.

Analyse und Hintergrund: Eine pathologische Personalpolitik führt zum Verlust der guten Mitarbeiter und verstärkt sich damit im Allgemeinen selbst. Eine untergeordnete Führungskraft in einem solchen Umfeld muss verstehen und lernen mit solchen Situationen umzugehen, sie auszuhalten und ihren Mitarbeitern eine Insel zu schaffen, auf der sie leben können.

Kann dieser Weg nicht beschritten werden, ist das Ergebnis die äußere oder innere Kündigung. Eine Führbarkeit durch den Despoten ist in jedem Fall nicht mehr gegeben. Führen mit Zielen verliert alle Vorteile, da nun die Kontrollen der Arbeitsprozesse verstärkt werden, die Anweisungen schriftlich erfolgen und hart kontrolliert werden müssen. Loyalität zum Unternehmen existiert bald nicht mehr.

Führungskräfte, die von diesem Führungsstil überzeugt sind und deren wesentliche Motivation aus der Gewaltenfülle ihrer Führungsposition und den Erfolgsgeschichten gegenüber der nächsten Führungsebene entstammt, reagieren auch auf Unterstützung anders.

Im Allgemeinen wird eine solche Unterstützung von ihnen abgelehnt. Ist dies nicht möglich, wird zunächst der Mitarbeiterkontakt mit dem Trainer vermieden oder es werden noch ganz andere Ideen entwickelt.

Situation: Im Rahmen eines breit aufgestellten Führungs- und Vertriebsprojekts wurden die operativen Führungskräfte eines regional bedeutenden Unternehmens begleitet. Zum üblichen Rahmen gehörte die Begleitung von Mitarbeitergesprächen. Aus dem Unternehmen heraus war bekannt, dass eine Führungskraft ein „harter Hund" war, der seine Mitarbeiter nur durch Druck und Drohungen führte.

Das erste begleitende Gespräch brachte die Überraschung: Das Gespräch hatte Lehrbuch-Charakter. Offene Fragen, geringer Gesprächsanteil, Maßnahmenpläne mit Unterstützung und vereinbartem Zeithorizont und ein freundliches Klima bestimmten das Gespräch. Das Feedback war entsprechend positiv.

Nach dem Gespräch erhielt der begleitende Coach einen Anruf von dem beteiligten Kollegen, dem Mitarbeiter der Führungskraft, der ihn darüber informierte, dass das Gespräch am Vortag über Stunden eingeübt worden war und er von seinem Chef offensichtlich als besonders zugewandt empfunden wurde, was er sich wiederum nicht erklären konnte, er litt sehr unter der Beziehung.

Analyse und Hintergrund: Wenn ein Vorgesetzter die Mitarbeitergespräche im Rahmen eines Führungscoachings vorher einübt, ist klar, dass er gut aussehen, sich aber nicht verändern will. Solche Führungskräfte scheuen sich auch nicht im Rahmen solcher Projekte überzeugende Gespräche zu führen, ohne die Druckeskapaden oder andere pathologische Instrumente. Gleich nach dem Projekt aber sofort die Anweisung erteilen, dass alles beim Alten bleibt und niemand etwas umzusetzen hat – man möchte ja nicht schlechter werden.

Reagieren die Mitarbeiter solcher Führungskräfte mit einer Strategie des Zurücklächelns – was an Kleinkind-Verhalten erinnert – und des Aussitzens, erfordert das gute Nerven von den Mitarbeitern, Geduld und viel Kommunikation mit den Kollegen, den Leidensgenossen. Psychologen sprechen in einem solchen Fall von Intravision: Ein Team von Leidensgenossen bietet sich gegenseitig die Möglichkeit als geistiger Mülleimer zu fungieren, um den Kopf wieder für Positives frei zu bekommen.

Erleben Sie als Führungskraft in einer betriebswirtschaftlichen Kennzahlenkrise eine Entwicklung, die zu strikteren Regeln und drastischerem Durchgreifen der Führungskräfte führen soll, sind sie besonders gefordert. Solche Entwicklungen sind in der Regel das Ergebnis hilfloser Unternehmenslenker, die sich die Krise aufgrund nur mangelhafter Information aus dem Unternehmen heraus, nicht erklären können.

Zumal sie doch komplexe Kennzahlensysteme nutzen, die ihnen Zuverlässigkeit suggerieren, da doch selbst die Aktivität der Mitarbeiter durch dieses System – scheinbar – abgebildet werden kann. Die natürliche Reaktion aus der Gewaltposition heraus, ist der Einsatz der Dominanzstrategie, die Mitarbeiter erhalten Anweisungen. Selbst der einfache Lehrsatz von Machiavelli: „Wer das Gute nicht kennt, fürchtet nicht das Schlimmste," wird vergessen.

Das Handeln gegen den Impuls, die Unsicherheit zu offenbaren und „einfach" mal nachzufragen und in einen Dialog einzutreten, wird nicht gewählt. Schwäche kann man sich nicht leisten. Den Gewaltträgern ist nicht klar, das Härte und Druck das Problem nicht reduzieren sondern potenzieren.

In diesen Situationen wirkt die Leuchtturmfunktion der unterstellten Führungskraft doppelt: Wenn der Druck von außen auf das Team zunimmt, hilft geradliniges partnerschaftliches Verhalten gegenüber dem eigenen Team eine gute Leistung zu stabilisieren. Die Aufgabe loyal zum Unternehmen und zum Team zu stehen, ist gerade in solchen von Unsicherheiten geprägten Situationen entscheidend.

Situation: In einem Unternehmen aus dem tertiären Sektor, das seine Mitarbeiter deutlich vertriebsorientiert ausgerichtet hatte, wurde in einer volkswirtschaftlich schwierigen Zeit, vorsorglich der Vertriebsdruck durch Anhebung der Ziele noch etwas erhöht.

Eine junge Führungskraft, die sich in den ersten Wochen ihrer Tätigkeit befand, war deutlich überfordert. Die verantwortliche Führungskraft stieg daraufhin in ein Training am Arbeitsplatz ein. Es wurden Maßnahmen vereinbart und zunächst einmal mit ausreichend großer Umsetzungsphase versehen, denn Druck wäre nach Einschätzung des direkten Vorgesetzten jetzt genau das falsche Mittel gewesen.

Die besprochene Strategie der kleinen Schritte begann, der junge Leiter startete zunächst einmal mit dem Aufbau von Respekt seines Teams ihm gegenüber, leitete und moderierte die ersten Teamsitzungen und führte erste Mitarbeitergespräche. Die Zahlen wurden natur- und umfeldbedingt zunächst nicht wesentlich besser und lagen immer noch deutlich unter den Erwartungen des Hauses. Die Begleitung wurde in den folgenden Wochen intensiviert und die begleitende Führungskraft war überzeugt, dass die Zahlen in den kommenden Monaten erheblich steigen würden, da die Akzeptanz der Mitarbeiter inzwischen gegeben war. Man vereinbarte weitere Maßnahmen, die der junge Leiter mit viel Motivation umsetzte.

Und dann kam an einem Freitag der Brief! „Bitte kommen sie am Samstag um 8:30 Uhr in die Zentrale zum Gespräch mit dem für die Division verantwortlichen stellvertretenden Vorstand, es wird auch ein Vertreter der Personalabteilung vor Ort sein." Die direkte Führungskraft wusste von nichts, der junge Leiter war am Boden zerstört noch bevor das Gespräch stattfand, die positive Entwicklung war vergessen.

Es dauerte 12 Monate und der stellvertretende Vorstand wurde zum Geschäftsführer einer eher untergeordneten geschäftslosen GmbH „befördert" – er hatte es nicht geschafft, die Zahlen während der Krise oben zu halten, das Anheben der Ziele hatte nicht ausreichend gegriffen.

Die junge Führungskraft wurde auf eigenen Wunsch degradiert und wollte von Führung – im Moment - nie mehr etwas hören. Dabei war es – wie sich herausstellte - sein einziger Fehler, seinen Führungskalender schlampig geführt zu haben.

Der Divisionsleiter hatte sich die Kalender seiner Mitarbeiter, die die Ziele (noch) nicht erreichten, angeschaut – über alle Hierarchieebenen hinweg. Da der Regionalleiter seinen Kalender „ordentlich" führte, d.h. entsprechend der Vorgaben in der Arbeitsanweisung zum Thema „Führungskalender", war klar, diese Führungskraft zeigte Aktivität, sie war nicht „schuld".

Die junge Führungskraft, die mit dem Aufbau einer sinnvollen Regelkommunikation und individuellen Kommunikationsstrategien beschäftigt gewesen war, hatte schlicht „zu wenig" Termine eingetragen, die den Titel hatten: Mitarbeitergespräch, Training am Arbeitsplatz, Team-Coaching oder ähnliche Schlagworte. Damit war klar: er war's!

Diesen „wichtigen" politischen Hinweis hatte seine zielorientiert und am Menschen ausgerichtete Führungskraft als nicht vorrangig angesehen, schade.

Analyse und Hintergrund: Härte und Druck führen dazu, das werteorientierte Führungsleitlinien, die eine individuelle, situative Führung fordern, mit einem hart „controllten" Führungskalender mit „Coaching-Terminen" für die Mitarbeiter und fixierten „Montagsrunden" eher asozial umgesetzt werden. Personalgespräche mit dem in der Regel nur rudimentär informierten Vorstand am Wochenende garnieren das Bild. Gott sei Dank sind überall Menschen beteiligt, die ein solches Handeln nur beschränkte Zeit durchhalten.

DeMarco formuliert dies in seinem Buch „Der Termin" so: „Straff und taff ist eine Formel, zu der in gescheiterten Unternehmen die Leute greifen, die für das Scheitern verantwortlich sind. Wann immer sie die Phrase ‚straff und taff' hören, ersetzen sie sie mit dem, was sie wirklich bedeutet: eingeschüchtert und gescheitert."

6.6. Die Relevanz von Konflikten zur Teamentwicklung

Konflikte ergeben sich aufgrund verschiedener Interessen in einem Projekt fast zwingend. Im Allgemeinen gibt es jemanden für den ist der Faktor Zeit und damit die Arbeitsgeschwindigkeit wichtig, ein anderer braucht geringe Kosten und wieder ein anderer ist im Wesentlichen an der Funktionalität und der Qualität mit geringer Fehlerquote interessiert. Wird hier nicht klar priorisiert, ist der Konflikt da.

Werden Systemveränderungen eingeführt, werden automatisch Verhaltensänderungen erforderlich und damit befinden wir uns im konfliktträchtigen Change-Prozess. Immer dann, wenn Menschen zu einer selbst motivierten Handlung kommen, liegt ein Konflikt in der Luft. Dort wo die Freiheit des einzelnen endet, beginnt die Freiheit des anderen, und damit beginnt das Machtspiel.

Werden die Lehren aus dem Maschinenbau und der BWL betrachtet, wird häufig auf den Faktor „Mensch" verzichtet. Die strikt funktionale, mechanistische Denkweise, legt den Schluss nahe, dass das Aufstellen von Schildern reicht und niemand den klar und einfach formulierten Ablauf innerhalb zweier Schnittstellen stören wird. Das Erstellen einer detaillierten Arbeitsanweisung für einen überschaubaren Prozess, der nur ein Teil einer Kette ist, ganz im Sinne der Tradition des Taylorismus, ist zwar für einen geordneten Ablauf sinnvoll, aber nicht ausreichend – und zwingend. Öffentliche Rasenflächen mit Schildern eindeutiger Aussagen sind ein lebhafter Beleg für den Misserfolg.

Konflikte, die entstehen, haben in der Regel auch eine greifbare Ursache und diese gilt es frühzeitig zu finden. Die Geschichte des Knallerbsen-Strauchs, die Stefan Raab zu gleichnamigem Lied anregte (Quelle: you tube), ist ein eindeutiges Bild für diese Erfordernis. Konflikte haben die Neigung zu schwelen und nicht sich in Wohlgefallen aufzulösen. Werden sie frühzeitig bearbeitet, kann eine Eruption zum falschen Zeitpunkt vermieden werden.

Bedeutend ist in diesem Zusammenhang, dass ein Teil der Konflikte häufig Einfluss auf das gesamte Teamergebnis hat. Liegen die Ursachen im angestrebten Ergebnis der Veränderung, können - bei gravierendem Mangel, müssen – Korrekturen vorgenommen werden. In diesem Sinne: Hurra ein Konflikt!

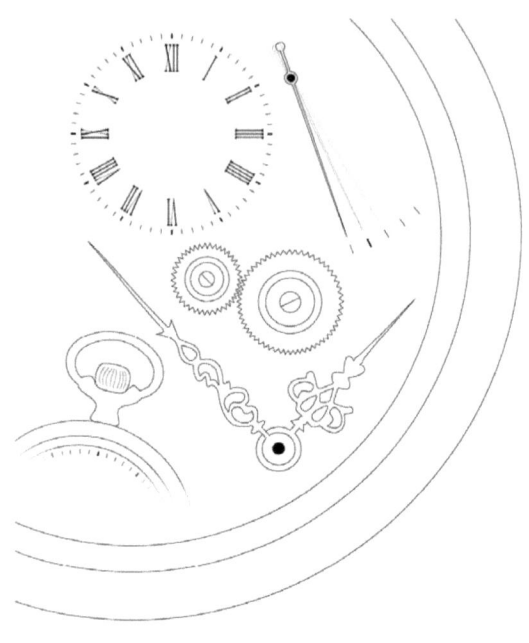

FAZITÄRE ABSCHLUSS-GEDANKEN

Ein Nicht-Führen ist für eine Führungskraft nicht möglich. Wer diese Aussage über die Rolle Führungskraft als Führungskraft verstanden hat, weiß, dass er keine Möglichkeit hat aus dieser Situation zu fliehen. Wird aus einem Mitarbeiter eine Führungskraft, ist eine Verhaltensänderung zwingend, denn passiert dies nicht, steht das Mitarbeiter-Führungskräfteverhältnis auf tönernen Füßen.

Der erste Schritt sollte deshalb das Klären der aktuellen Situation sein, denn, wie aus den vorhergehenden Kapiteln klar wird, es gibt kein Patentrezept für den Einsatz von Führungsinstrumenten. Abhängig von den eigenen Kompetenzen, der Aufgabenstellung der übergeordneten Führungskraft, der zugeordneten Mitarbeiter und dem wirtschaftlichen Umfeld sind unterschiedliche Maßnahmen zu ergreifen.

Je höher ein Mitarbeiter in der Führungshierarchie steigt, desto wichtiger wird das Leben der Unternehmensvision. Je weiter oben im Organigramm eine Position angesiedelt ist, desto stärker wird die emotionale Ausstrahlung auf die Mitarbeiter. Eine Führungskraft im oberen Führungskreis oder gar in der Geschäftsführung, die die Vision nicht lebt, gefährdet letztendlich die gesamte Unternehmensstrategie. Wird ein anderes Wertesystem vorgelebt, als es die Vision nahelegt, verlieren die Mitarbeiter die emotionale Bindung zum Unternehmen und dann wird die Führungsaufgabe auf jeder Ebene schwierig, weil der emotionale Anker fehlt.

Ein weiterer wichtiger Aspekt ist die Tatsache, dass die Macht im Unternehmen immer bei den Mitarbeitern liegt, die im direkten Kundenkontakt stehen. Die Träger der Gewalt sind zwar die Führungskräfte – je nach Kompetenz können ganze Unternehmensteile geschlossen werden – aber die Macht, das heißt die Entscheidung welches Produkt oder in welcher Qualität eine Dienstleistung beim Kunden oder Kollegen ankommt, hat immer der Mitarbeiter im direkten Kontakt. Funktioniert an dieser Stelle, die Beziehung zwischen dem Team und seiner Führungskraft nicht oder ist sie gestört, hat die Führungskraft letztendlich keine Möglichkeit direkt einzugreifen.

Damit wird deutlich, je klarer sich eine Führungskraft über die aktuelle Situation ist, je besser sie über ihre aktuellen Möglichkeiten Bescheid weiß, desto größer sind die Chancen zu gestalten. Aus der Historie der betriebswirtschaftlichen Disziplin „Controlling" ist bereits klar, dass vor der Steuerung die Kontrolle kommen muss. Die Problematik dabei ist, dass die meisten Menschen genau dies als eher unangenehm empfinden. Deshalb muss die Führungskraft einen Weg finden, die Kontrolle zu haben oder zu behalten, ohne dass die emotional negativen Auswirkungen zu gravierend sind. Hierbei ist es sicherlich am einfachsten, wenn es möglich ist, die zu erzielenden Ziele und den aktuellen Stand vollkommen transparent darzustellen, denn dann wird Kontrolle nicht erlebt.

Die Frage des Was kontrolliert werden soll, muss letztendlich vom Unternehmensziel, das heißt aus der Geschäftsführungsebene abgeleitet werden, denn niemand kann der Geschäftsführung die Verantwortung für die Erreichung des Unternehmensziels abnehmen und somit hat sie hier letztendlich immer die Aufgabe einer klaren Vorgabe. Wie dies von Ebene zu Ebene dann aber operationalisiert wird, sollte durchaus in einem kommunikativen Prozess abgeleitet werden, denn in der Regel kennen die Mitarbeiter die Klippen und Schlaglöcher der täglichen Arbeit besser als ihre Führungskräfte, da sie die Prozesse ja täglich ausführen.

Die häufig erlebte Praxis einer Übersteuerung durch ein Zielsystem indem zu viele und zu detaillierte Ziele formuliert werden, sollte vermieden werden. Verliert der Mitarbeiter am Kunden jeglichen Freiheitsgrad, verarmt er in seiner Tätigkeit und wird auf Dauer nur noch unterdurchschnittliche Leistungen erbringen. Ein ähnliches Problem ergibt sich für die Steuerung eines Teams, gibt es zu viele Ziele wird eine konzentrierte Steuerung unmöglich, da die Mitarbeiter sich nicht mehr konzentrieren werden.

Ein Thema, das der Große Volkswirt Ricardo für den Außenhandel schon im 19. Jahrhundert zeigen konnte, ist die Möglichkeit von Synergien. Hat ein Team die Möglichkeit die jeweiligen Stärken der einzelnen Mitglieder zu nutzen, wird ein positiver Effekt im Ergebnis deutlich. Müssen alle das gleiche tun, müssen einige mit ihren Schwächen arbeiten, was im Ergebnis zu einem deutlich unterdurchschnittlichen Teamergebnis führen wird. Das heißt, die Stärken der eigenen Mitarbeiter nicht zu kennen oder sie nicht entsprechend einzusetzen, ist einer der gravierendsten Führungsfehler.

Die grundsätzliche Aufgabe einer Führungskraft ist die Steuerung eines Prozesses. Entweder in dem er aktiv eine Veränderung herbeiführt und sich in einem fortlaufenden Verbesserungsprozess befindet oder in dem er einen Prozess stabilisiert und einzelne Mitglieder seines Teams, an das mögliche Optimum durch Qualifikation oder Training am Arbeitsplatz heranführt. Allen gemein ist in jedem Fall ein Veränderungsprozess, entweder für das Team oder für einzelne Mitarbeiter. Damit ist klar, die Grundregeln eines jeden Veränderungsprozesses sind Alltag einer Führungskraft.

Hierbei besteht die Aufgabe darin die Mitarbeiter so schnell wie möglich wieder auf sicheres Gelände, das heißt in eine Routine hineinzuführen. Da dieser Weg immer über lernen und Fehler machen führt, liegt hier eine emotionale Klippe vieler Führungskräfte. Anstatt von der militärischen Übung der Manöverkritik zu profitieren und zu lernen, werden Fehler vorgeworfen und sanktioniert, womit das Lernen wegen fehlender Toleranz emotional verhindert wird. Im Extrem verlassen die Mitarbeiter das Team der Führungskraft – durch interne oder externe Kündigung.

Blicken wir zurück auf die Aussage: Eine Führungskraft kann nicht Nicht-Führen. Aus der Position als Führungskraft erwächst eine „natürliche" Drucksituation für jeden Mitarbeiter, die je nach Individuum und Situation, sehr unterschiedlich verarbeitet wird. Orientiert sich eine Führungskraft an der Grundregel: „Druck lässt Menschen nicht schneller denken!" ist bereits ein großer Schritt getan. Hilflose Führungskräfte greifen gern zum Instrument Druck, weil sie erfahren, dass sich die Kollegen nicht offen wehren können und sie als Führungskraft in einer solchen Situation Macht erfahren.
Dieser Trugschluss wird noch dadurch verstärkt, dass die Angst bei den Mitarbeitern zu Beginn tatsächlich zu manchmal übermenschlichen Ergebnissen führt. Auf Dauer setzt aber ein Gewöhnungsprozess ein, der dazu führt, dass die Mitarbeiter Strategien entwickeln um aus dem Druckfeld auszusteigen, ohne dass die vorgesetzte Führungskraft dies tatsächlich kontrollieren kann.

Insbesondere in solchen Situationen zeigt sich, dass die Macht beim Mitarbeiter liegt, denn es ist für die Führungskraft unmöglich jeden Mitarbeiter permanent in jedem Prozessschritt zu kontrollieren. Die Krücken aus der Welt der EDV – Aktivitäten-Controlling genannt – vermitteln der Führungskraft oft nur eine Scheinwelt, die dann in der Steuerung zu gravierenden Fehlern führen kann.

Ein Element, das selbst eine routinierte Führungskraft vor eine nicht bewältigbare Aufgabe stellt, ist eine zu mächtige Führungsspanne. Bereits früheste Führungsliteratur – genannt sei beispielsweise nur das Werk des chinesischen Generals Sunzi: „Die Kunst des Krieges" aus dem 5 Jahrhundert vor Christus – verweist auf dieses Problem. Der Hintergrund liegt schlicht im Kommunikations- und Kontrollaufwand. Führungsspannen über 10 Mitarbeiter sind mit einem effizienten und effektiven Kommunikationsprozess nicht zu bewältigen. Selbst intelligente Führungskräfte, die erkannt haben, dass der situative Führungsstil das Optimum zur Lösung ihrer unternehmerischen Aufgabe darstellt, müssen häufig zum autoritären Stil greifen, weil schlicht die Zeit fehlt.

Die Rate der Fehlentscheidungen steigt damit an. Der Weg einfach eine Entscheidung zu vermeiden – der dann oft gewählt wird – ist aber einer Führungskraft versperrt. Denn die Nicht-Entscheidung ist damit die Entscheidung und dies ist selten die richtige.

Gerade der Weg über Konflikte und Fehler zu einem kontinuierlichen Lern- und Verbesserungsprozess zu kommen, wird so verstellt. Damit ist eine zentrale Aufgabe einer jeden Führungskraft, das Qualitätsmanagement nicht mehr zu erfüllen.

Nur wenn also die Rahmenbedingungen stimmen, kann die FührungsIntelligenz voll zum Tragen kommen. Nur wenn die Unternehmenspolitik und die Werte der obersten Führungsebene im Einklang mit der Vision des Unternehmens stehen, kann sich die FührungsIntelligenz durchsetzen. Die situativen und individuellen Kommunikationsstrategien, die sicherlich erlernt werden können, sind dann effektiv und effizient einzusetzen und führen zum optimalen Ergebnis. Ein aktives Führungsverhalten, die Konzentration auf die Vision des Unternehmens und ein kontinuierlicher Optimierungs- und Lernprozess sind dann der entscheidende Schlüssel zum Erfolg.

Anhang

REFLEKTIONS-IMPULSE FÜR EINE OPTIMIERUNG DES BESTEHENDEN

Im Folgenden werden pro Kapitel einige Fragen zur Reflektion der Inhalte aufgeführt. Jede Führungskraft sollte sich diese Fragen beantworten können oder sie sich zumindest stellen, wenn er mit ähnlichen Situationen konfrontiert wird, wie sie in diesem Buch beschrieben sind.

1. Die Parameter von Führung

1.1 Die Position der Führungskraft

Welche Aufgaben muss ich mit meinem Team erfüllen?

Welche Stärken haben meine Mitarbeiter?

Wie kann ich die Aufgaben in meinem Team verteilen, so dass Synergien entstehen?

Wie kann ich meinen Mitarbeitern mein Engagement zeigen?

Was sind meine Stärken und Schwächen?

Wie kann ich meine Schwächen sozialverträglich gestalten?

Welche Prozesse sind wenig effektiv?

Wie kann ich die Effizienz der Prozesse steigern?

1.2 Die Führungskraft als Zentrum des Teams

Wie kann ich eine regelmäßige Kommunikation mit meinen Kollegen sicherstellen?

Wann habe ich mich das letzte Mal mit Kollegen über ein Abteilungsproblem unterhalten?

Wie viele kritische und mutige Mitarbeiter habe ich?

Wie kann ich konstruktive Kritik fördern?

Wie mache ich deutlich, dass mir Kritiker lieber sind als Ja-Sager?

Wie kann ich eine gemeinsame Kommunikationsebene bei wichtigen Entscheidungen sicher stellen?

Wie kann ich sicherstellen, dass ich unterschiedliche Entscheidungsmöglichkeiten werte und dann erst entscheide?

Wie kann ich Kollegen in den Entscheidungsprozess mit einbeziehen?

Wie kann ich „Manöverkritik" sicherstellen?

Wie kann ich die neuen Erfahrungen absichern?

Wann habe ich das letzte Mal einen Fehler gemacht und ihn offen diskutiert?

Wie verhalte ich mich bei Fehlern meiner Mitarbeiter?

Wie hoch ist mein Redeanteil in Mitarbeitergesprächen und Sitzungen?

Wie kann ich sicherstellen jedes Thema durch Fragen zu bearbeiten?

Wie gestalte ich meine Planung?

Welche Wege habe ich um Meinungen von Fakten zu trennen?

Weiß ich was die Buschtrommel über die aktuelle Situation sagt?

Welche Fehler aus den letzten Projekten habe ich in der aktuellen Planung berücksichtigt?

Wie stelle ich sicher, dass das Erfahrungswissen über eine lange Zeit erhalten bleibt?

1.3 Die Führung als militärische Ordnung

Wie kann ich die Auftragstaktik in meinem Führungsverhalten sicher stellen?
Welche Mitarbeiter sind mit der Auftragstaktik überfordert?

Wie kann ich regelmäßige Team-Coachings implementieren?

Welche Ziele erreiche ich durch ein Team-Coaching?

Wann habe ich zum letzten Mal ein Projekt mit meinen Mitarbeitern bzw. Kollegen in der Rückbetrachtung analysiert?

Wie kann ich sicherstellen, dass der Erfahrungsschatz aller Kollegen wächst?

Wie kann ich gewährleisten, dass ein Veränderungsprozess bei mir und den Mitarbeitern effizient abläuft?

Warum folgt jede Führungsentscheidung einem Veränderungsprozess?

1.4 Die Managementausstattung

Wie kann ich den Austausch der Mitarbeiter noch intensivieren?

Wann habe ich von meinen Mitarbeitern das letzte Mal etwas Kritisches gehört?

Wie zeige ich meinen Mitarbeitern, dass sie mir als Mensch wichtig sind?
Wie zeige ich meinen Mitarbeitern, dass ich auch in kritischen Situationen vor ihnen stehe, ohne dass sie den Respekt vor mir verlieren?

Wie kann ich sicher stellen, dass ich vor einer Entscheidung immer meine innere Stimme befrage?

Wann habe ich das letzte Mal einen Kollegen oder Mitarbeiter gefragt, was für ein Gefühl er bei einer Entscheidung hat?

Wie lautet die Vision unseres Unternehmens?

Passen meine Entscheidungen über die Prozesse meines Teams zur Vision des Unternehmens und wenn nicht, was muss ich ändern?
Kenne ich und stehe ich hinter der Vision des Vorstands?

Wann habe ich das letzte Mal mit meinen Mitarbeitern und Kollegen über unsere Werte gesprochen?

Wie mache ich meinen Mitarbeitern die Werte des Unternehmens deutlich?

Welche Veränderung kann ich bei diesem Teammeeting beobachten?

Welche Führungsinstrumente setze ich ein, um Konflikte frühzeitig zu erkennen?
Wie ist die Motivation meiner Mitarbeiter einzuschätzen?

Welche Wege sind möglich die Motivation einzelner Mitarbeiter zu steigern?

Wann habe ich das letzte Mal Betroffene zu Beteiligten gemacht?

1.5 Das Glück und das Risiko im Rahmen der Handlungsplanung

Wie habe ich die Unsicherheit bei meiner Entscheidung berücksichtigt?

Welche Aspekte habe ich als sicher angenommen, wie sinnvoll ist dies?

Wie mache ich deutlich, dass nur die zukünftigen Ergebnisse für das Unternehmen entscheidend sind?

Wie vermeide ich Diskussionen, die nur Rechtfertigungen erzeugen?

Welche emotional kritischen Eigenschaften kann ich bei jedem meiner Mitarbeiter erkennen und wie vermeide ich Verletzungen?

Wie kann ich eine regelmäßige Ursachen-Wirkungs-Analyse meiner Prozesse sicherstellen?

Wie kann ich sinnvolle frühzeitige Planung sicherstellen?

Wie kann ich Unsicherheiten in meiner Planung fundiert bewältigen?

Welche betriebswirtschaftlichen Kennzahlen sind für meine Auftraggeber wichtig?

Wie kann ich durch Gestaltung meiner Prozesse zur Verbesserung dieser Kennzahlen beitragen?

Wann habe ich das letzte Mal mit meinen Kollegen über private Themen gesprochen?

Wie kann ich einen regelmäßigen informellen Kommunikationsprozess sicherstellen?

Wie steuere ich die Durchlässigkeit der Hierarchie für Informationen?

2. Die Veränderung und die Sicherung als Basis

2.1. Die Veränderung als Change-Prozess

Wie formuliere ich einen Fahrplan meiner Führungsinstrumente um durch einen gravierenden Veränderungsprozess zu führen?

In welcher Phase befindet sich aktuell jeder meiner Mitarbeiter?

Wie kann ich das Ausprobieren und Fehlermachen positiv beeinflussen?

Wie ausführlich habe ich meinen Mitarbeitern den Zustand nach der Veränderung geschildert – haben sie ein Bild davon?

2.2. Die Sicherheit als Motivationssäule

Welche Informationen benötige ich noch, um meinen MItarbeitern Sicherheit zu geben?

Welche Risiken liegen in der Veränderung und habe ich sie meinen Mitarbeitern deutlich gemacht?

Wie kann ich die Priorisierung der Veränderung meinen Mitarbeitern deutlich machen?

Wie kann ich meinen Mitarbeitern zeigen, dass die Veränderung für mich – den Leuchtturm – die höchste Priorität hat?

3. Die Ziele und die Zielsysteme als Steuerungseinheit

3.1. Die Eigenschaften von Zielen und Zielsystemen

Welche Daten benötige ich für eine sinnvolle Wirtschaftlichkeitsprüfung?

Wie sind die Anreize formuliert und was muss ich eventuell hinzufügen oder weglassen, damit alle mit Engagement mitarbeiten?

Wie sollten mein Zielsystem und die Anreize daraus aufgebaut sein, um möglichst viele Mitarbeiter zu motivieren?

Dient mein Zielsystem der Unternehmenssituation oder gibt es Widersprüche, die ich verändern beziehungsweise eskalieren sollte?

Wie verstehe ich das Zielsystem betriebswirtschaftlich und emotional?

Sind vielleicht Arbeitsaufträge sinnvoller als Ziele?

Ist eine jederzeitige Transparenz der Zielerreichung für meine Mitarbeiter gewährleistet?

Wie kann ich Kontrolle gewährleisten, ohne das Kontrolle empfunden wird?

Ist mein Zielsystem SMARTI formuliert?
Wie stehen meine Mitarbeiter zur SMARTI-Eigenschaft des Zielsystems?

Wie kann ich meinen Mitarbeitern die Sinnhaftigkeit des Zielsystems deutlich machen?

Welche Kritik äußern meine Mitarbeiter am Zielsystem und an wen eskaliere ich sie?

Welche Veränderungen im System wären sinnvoll um das Zielsystem optimal in den Leistungsprozess einzubinden?

3.2. Die Zielformulierung als kreativer Prozess

Wie viele Freiheiten in der Zielformulierung sind sinnvoll, um eine längerfristige Sinnhaftigkeit des Zielsystems zu gewährleisten?

Welche Grenzen sind in der Zielformulierung quantitativ und qualitativ unumstößlich?

Wie kann ich ein Zielsystem formulieren, dass nur qualitativ messbar ist und trotzdem als gerecht empfunden wird?

Welche Voraussetzungen müssen für ein qualitatives Zielsystem erfüllt sein?

Wie gestalte ich einen sinnvollen Aufbau von Arbeitsanweisungen?
Wie kann ich Arbeitsanweisungen strukturieren, so dass jeder entsprechend seiner Stärken das Optimum für den Prozess erreichen kann?

Wie sinnvoll ist eine Umpriorisierung der Ziele in der aktuellen Situation?

Welche Freiheiten habe ich als Führungskraft, die Erfüllung des Zielsystems mit meinem Team zu gestalten?

Welchen Nutzen kann ich aus einer fehlerhaften Umpriorisierung ziehen?

Welche Erkenntnis kann ich für die Zukunft aus begangenen Fehlern gewinnen?

Wie kann ich durch Qualifizierung meiner Mitarbeiter zukünftige Fehler vermeiden?

Welche Zielformulierung hat sich für mein Team als unrealistisch erwiesen und sollte deshalb anders gestaltet werden?

Wie kann ich meine Ziele an eine geänderte Marktsituation oder Prozessinnovation sinnvoll anpassen?

Was lehrt mich die Praxis in Bezug auf eine gelernte Theorie?

Welche betriebswirtschaftlichen Modelle haben sich als sinnlos erwiesen?

3.3. Die Unternehmenspolitik als Störfaktor

Welche wesentlichen Motive haben meine Mitarbeiter und passen die Anreize aus dem Zielsystem dazu?

Wie schätze ich die Drucksituation aus dem Zielsystem auf meine Mitarbeiter ein?

Wie kann ich kurzfristigen Druckanstieg auf meine Mitarbeiter sinnvoll kommunizieren?

Welche Informationen kann ich weitergeben, um eine Drucksituation verständlich zu machen?

Welche Warnsignale kann ich wahrnehmen, bevor mein Team vor wachsendem Zieldruck kapituliert?

4. Der Umgang mit Fehlleistungen

4.1. Die negative und die positive Einflussnahme

Wie spreche ich mit meinen Mitarbeitern?

Wie würdige ich die Leistungen meiner Mitarbeiter?

Wie viel Zeit gebe ich meinen Mitarbeitern für die Erledigung ihrer Aufgaben?

Wie wirken meine negativen Sanktionen – Strafe oder Einsicht?

Wie kann ich negative Würdigungen durch mein Team selbst bestimmen lassen?

Wie ist aktuell die Beziehung zu meinen Mitarbeitern?

4.2. Die Reaktion auf Fehlentwicklungen

Wie gestalte ich eine Fehlertoleranz mit positiver Wirkung auf die Leistung?

Wie kann ich meine Vorbildrolle auch bei Fehlern mit Leben füllen?

Wie vermeide ich eine Jammer-Kultur in meinem Team?

Welche Fragen sollten nach gemachten Fehlern im Vordergrund stehen?

Wie reagiert das Team intern auf Fehler einzelner Teammitglieder?

Wie kann ich gewährleisten, dass eine Selbsthilfe-Kultur entsteht?

Wie kann ich es erreichen, dass die Mitarbeiter selbständig ihre Stärken zur Fehlerkorrektur einsetzen?

Wie fördere ich informelle positive Beziehungen meiner Mitarbeiter?

Wie kann ich mich organisieren, damit klar wird, bereits der erste tag eines Veränderungsprozesses ist wichtig?

Welches Instrument gibt meinen Mitarbeitern eine Basissicherheit?

Wie organisiere ich eine schnelle Information an meine Mitarbeiter?

Wie kann ich eine vollständige Informationsaufnahme meiner Mitarbeiter gewährleisten?

4.3. Die Qualitätssicherung durch stetige Verbesserung

Was muss eine Verbesserung grundsätzlich leisten?

Was verhindert Kreativität am sichersten?
Woran sollte ein Zielsystem immer orientiert sein?

Was führt immer zu einer Qualitätsverbesserung?

Welche Konsequenzen sind bei zu enger Regelkommunikation zu befürchten?
Welche Vorteile bringt eine gründliche Projektvorbereitung?

Wofür steht der Begriff TEAM und was ist der große Vorteil?

Welche Führungsrolle ist besonders in kritischen Situationen nicht zu vermeiden?

4.4. Das Misserfolgsrezept von Druck und Mehrarbeit

Wie schätze ich die Produktivität und Belastung meines Teams ein?

Wie kann ich dauerhafte Mehrarbeit verhindern?

Wie nehme ich Druck von meinen Mitarbeitern?

4.5. Das Controlling als fehlgeleiteter Druckfaktor

Wie kann ich die Effektivität meiner Prozesse prüfen?

Wie kann ich meine Kommunikation mit Mitarbeitern von betriebswirtschaftlichen Kennzahlen lösen?

Wie mache ich deutlich, dass eine Verhaltensänderung zur Veränderung der betriebswirtschaftlichen Kennzahlen führt ohne über Kennzahlen zu sprechen?

4.6. Die Werte als Grundlegung menschlichen Handelns

Wie kann ich passives Mobbing verhindern?

Wie gewährleiste ich, dass meine Mitarbeiter Wertschätzung durch mich erfahren?

Wie verhält es sich aktuell mit der Fluktuation und dem Krankenstand in meinem Team?

4.7. Der natürliche Druck als Elementarerlebnis

Wie sollte ich als neue Führungskraft in einem alten Team meine Kommunikation gestalten?

Wie erhalte ich Respekt von meinen Mitarbeitern ohne Gewalt auszuüben?

Wie vermittle ich mein Wertesystem als Führungskraft?

Welche Zieleigenschaft kann nur eine Führungskraft vorgeben und wie gestalte ich dies sinnvoll?

Wie erreiche ich es Respekt von meinen Mitarbietern zu erhalten und trotzdem Teil meines Teams zu bleiben?

Wie verhält sich zur Zeit jeder einzelne Mitarbeiter zu mir?

Welche Führungsinstrumente sind jetzt sinnvoll?

In welchen Situationen sollte ich Termine setzen?

Wie steht das Team als Ganzes zu mir?

Wie kann ich besonders kritische Mitarbeiter sinnvoll einsetzen?

5. Die Mitarbeiter als grundlegend Handelnde

5.1. Die Grundlagen effektiver Mitarbeiterschaft

Welche Qualifikationen haben meine Mitarbeiter?

Wie steht unsere Abteilung / unser Unternehmen im Vergleich zu anderen?

Welche Möglichkeiten des Personalwechsels habe ich?

Wie kann ich die Prozesse an meine Ressourcen anpassen?

Wie stelle ich die Zielkongruenz der Mitarbeiter sicher?

Sind meine Kollegen entsprechend ihrer Stärken eingesetzt – was muss ich gegebenenfalls ändern?

Wie kann ich durch intelligente Aufgabenverteilung meinen verantworteten Prozess mit der bestehenden Ausstattung noch optimieren?

Welche Neustrukturierung kann ich alleine durchführen, wozu benötige ich die nächste Eskalationsebene?

Wie kann ich die nächste Eskalationsebene von einer Neustrukturierung überzeugen?

Welchen Nutzen muss ich hervorheben?

Wie kann ich meinen Service für meine Mitarbeiter so gestalten, dass ihre Leistung besser wird?
Welchen Nutzen muss ich bei meinen Mitarbeitern in den Vordergrund rücken, um ihnen den Sinn einer Veränderung deutlich zu machen?

5.2. Die Mitarbeiter als wesentlicher Baustein des Führungsgebäudes

Wie kann ich meinen Mitarbeitern deutlich machen, dass sie meine Kunden sind und ich diese Beziehung als Basis unseres Leistungsprozesses optimieren möchte?

Welche Maßnahmen kann ich ergreifen, um meinen Mitarbeitern ein Gefühl von Fairness zu geben?

Wie kann ich durch informelle Maßnahmen meine Führungs- und Kommunikationsprozesse noch verbessern?

Welche Schritte sind im Rahmen meiner Kompetenz nötig, um Fehlentwicklungen zu vermeiden?

Welche Grenzen gibt es, ab denen ich sofort eskalieren sollte?

Wie sollte ein Mitarbeiter geschaffen sein, damit er ins Team passt – sowohl menschlich als auch fachlich?

Wie erkenne ich, ob ein Mitarbeiter zu uns passt?

Welche drei Fragen muss ich mir nach einer Neueinstellung bereits nach vier Wochen stellen?

Wie kann ich das Empfehlungsmarketing im Recruiting nutzen?

Wie kann ich gewährleisten neue Mitarbeiter zu gewinnen und sie emotional an mich zu binden?

Wie sollte eine Arbeitsaufgabe gestaltet sein, um einen hochmotivierten Mitarbeiter weiter anzuspornen?

Wie sollte die Aufgabenstellung für einen eher verunsicherten und wenig selbstbewussten Mitarbeiter formuliert werden, um sie weiterzuentwickeln?

5.3. Die Katalysatorfunktion im Teamleben

Wie kann ich Mitarbeiter in die Entscheidungsfindung mit einbeziehen?

Wie muss ich ein Problem formulieren, so dass es positiv aufgenommen wird?

Wie dringlich ist eine Entscheidungsfindung und welche Bedeutung hat die Entscheidung für mein Team?

Wie viele Mitarbeiter sind von einer anstehenden Entscheidung auf kurz- bzw. lange Sicht betroffen?

Welcher meiner Mitarbeiter hat neben mir den größten Einfluss auf die Stimmung im Team?

Wie kann ich einen Mitarbeiter dessen fachliche Kompetenz nicht benötigt wird, der aber ein Stimmungsträger ist, positiv in einem Projekt einbinden?

Wie kann ich die Aufgabenstellung in einem Projekt formulieren, so dass alle wesentlichen Aspekte einer Entscheidungsfindung berührt werden?

Welche Felder besetze ich als Führungskraft aufgrund meiner Persönlichkeit nicht, so dass ich die Aufgabe an meine Mitarbeiter weitergeben sollte?

Wie gewährleiste ich einen kritischen Blick auf mein Projekt vor der Entscheidung?

6. Die Kommunikation innerhalb des Teams

6.1. Die Mitarbeiteranzahl als Einflussfaktor der Team-Leistung

Wie kann ich eine offene, permanente Kommunikation gewährleisten?

Mit welchem Instrument erhalte ich Informationen von meinen Mitarbeitern und kann erst steuern?

Worauf sollte ich als Führungskraft immer achten?

Was geschieht immer, wenn ein neues Teammitglied dazu kommt?

Welches Dilemma ist zunächst nicht zu umgehen?

Welche Unterschiede im Verhalten der Führungskraft hat der gewollte Veränderungsprozess vom nicht gewollten?

Warum nimmt bei wachsender Teamgröße die Grenzteamleistung ab?

Wie ist ein negativer Grenzertrag eines wachsenden Teams zu erklären?

Wo liegt die Überlastungsgrenze eines Teams?

Wann ist die Überlastungsgrenze einer Führungskraft überschritten?

Welche Führungsaufgaben sind bei zu großer Führungsspanne nicht mehr effizient zu leisten?

Welche Führungsspanne kann als Grenze angesehen werden?

6.2. Die Mitarbeiteranzahl im Lichte der Teamsoziologie

Welche Teamgröße sollte für strategische Projekte gewählt werden?

Was ist insbesondere zu Beginn eines Veränderungsprozesses zu beachten?

Welche Vorteile haben kleine Projektgruppen?

Welches Problem wird zentral bei zu großen Teams und kann nicht mehr kontrolliert werden?

6.3. Die Visualisierung zur Förderung der Teamprozesse

Welche Probleme verursachen Zahlenkolonen?

Welche Informationen sollten schnell, aktuell und klar immer zur Verfügung stehen?

Wie kann ich Kontrolle einfach gestalten?

Welches Problem vermeiden transparente, optisch aufbereitete Soll-Ist-Stände?

Welcher Weg erlaubt motivierende Kontrolle?

Wann sollten Rennlisten dargestellt werden?

Warum sind in der Regel Teamdarstellungen sinnvoller?

6.4. Die Rituale als kommunikationserleichternde Ereignisse

Wie kann ich umfassende Informationsaufnahme und –verteilung im Team gewährleisten?

6.5. Die Synergieaus(f)löser Druck und Angst im Teamalltag

Welches System entsteht in einer Gruppe von Menschen immer?

Welche positiven Aspekte kann eine Führungskraft in einem bestehenden Team nutzen?

Was zerstört bestehende Abläufe immer?

Was verursacht Druck zunächst und was passiert in der Folge?

Was sollte beim Einschalten der nächsten Führungsebene vermieden werden?

Wozu führt pathologische Personalpolitik?

Wie kann eine Führungskraft ihr Team auch in schwierigem Umfeld zu positiver Leistung bringen?

Woran erkennt man pathologische Führungskräfte?

Welchen Grund hat fehlerhafte Führungspolitik der obersten Ebene?

Was ist in der Regel die falsche Entwicklung nach einer betriebswirtschaftlichen Krise in einem Unternehmen?

Welche menschliche Eigenschaft wird von wenig intelligenten Führungskräften nicht offenbart?

Welches Verhalten sollte eine Führungskraft gerade in Krisensituationen auf höchster Priorität verfolgen?

In welcher Situation ist das Leben der Vision das wichtigste Führungsinstrument?

6.6. Die Relevanz von Konflikten zur Teamentwicklung

Warum können Konflikte gerade in Projekten selten vermieden werden?

Welche Möglichkeit hat der Projektleiter in der Vorbereitung Konfliktpotenziale zu reduzieren?

Warum ist bei Prozessvariationen die Führungskraft immer gefordert?

Welche Eigenschaft von Konflikten erfordert ihre frühzeitige Bearbeitung?

INSTRUMENTEN-
FAHRPLAN
FÜR EIN
CHANGE-
MANAGEMENT

1. Phase 1- 5: Teamorientiertes Anschub-Controlling

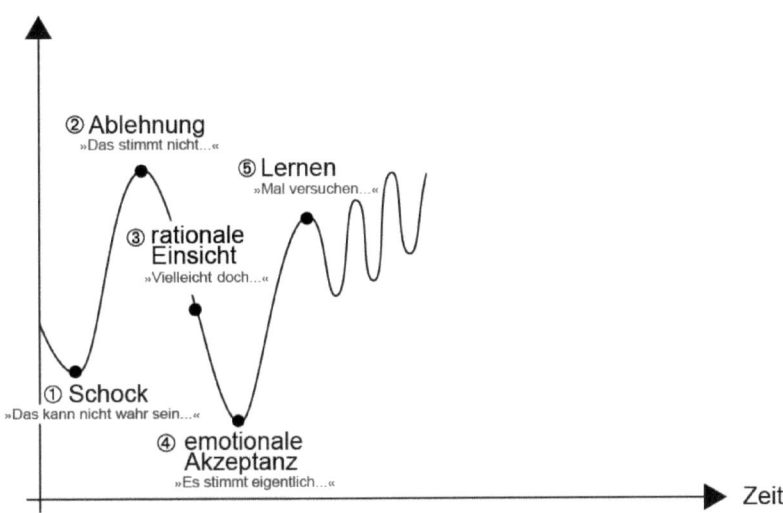

1.1. Vorstellung im Team

1.2. Priorisierung des Konzepts

1.3. Aldisierung des Controlling

1.4. Enge, aber diskrete Zielkontrolle

1.5. Mitarbeitergetragene Teamzieltransparenz

1.6. Team-Coaching: Was stört? Was hilft?

1.7. Erhöhte Sensibilität für die Individualität der Mitarbeiter

2. Phase 4 - 5: Individualisiertes Stabilitäts-Controlling

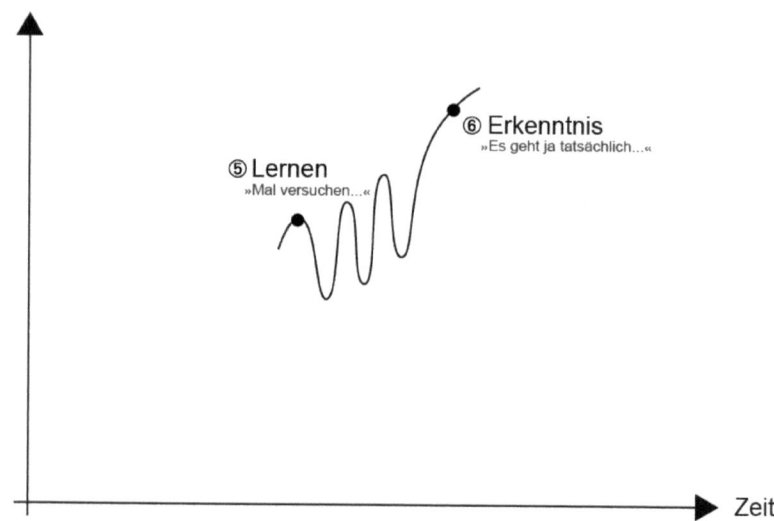

2.1. Umstellung der Kommunikationsmaßnahmen

2.2. Transparente, individuelle Prozessanalyse

2.3. Individueller Maßnahmenplan

2.4. Würdigung

3. Phase 6 - 7: Controlling einer lernenden Organisation

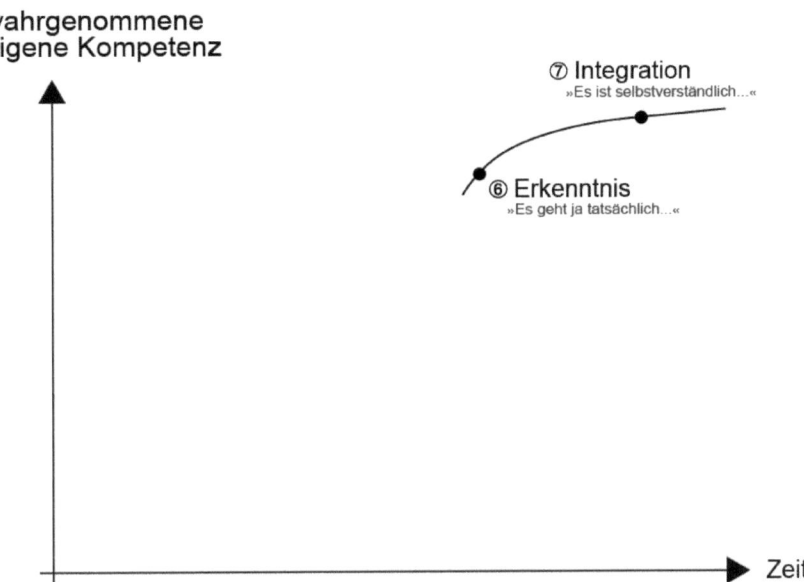

3.1 Interner Workshop

3.2 Informationsfluss ins Haus

Literatur:

Arendt, H. (2005): Macht und Gewalt. Neuaufl., München

Berkel, K., Lochner, D. (2001): Führung: Ziele vereinbaren und Coachen. Weinheim et al.

Berscheid, E. (1985): Interpersonal Attraction. In: Lindzey, G., Aronson, E. (Hrsg.): The Handbook of Social Psychology. New York

Bindscheller, G., Frick, B., Zwygart, U. (1998): Alexander. Bern et al.

Bischof, N. (2009): Das Rätsel Ödipus. 5. Aufl., München

Bischof, N. (2008): Psychologie – Ein Grundkurs für Anspruchsvolle. Stuttgart

Byung-Chul Han (2013): Müdigkeitsgesellschaft. 8. Aufl., Berlin

Breithaupt, F. (2009): Kulturen der Empathie. Frankfurt a. M.

Burkert, W. (2009): Mythen um Oedipus: Familienkatastrophe und Orakelsinn. In: Zimmermann, B. (Hrsg.): Mythische Wiederkehr, Freiburg i. Br. et al., S. 43-62

Ciompi, L. (1997): Die emotionalen Grundlagen des Denkens – Entwurf einer fraktalen Affektlogik. Göttingen

Ciompi, L. (2001): Gefühle, Affekte, Affektlogik. 2. Aufl., Wien

Ciompi, L., Endert, E. (2011): Gefühle machen Geschichte. Göttingen

Czipin & Proudfoot Consulting (2003): Globale Produktivitätsstudie, München

DeMarco, T. (1998): Der Termin – Ein Roman über Projektmanagement, München et al.

Dörner, D. (2001): Die Logik des Misslingens – Strategisches Denken in komplexen Situationen. 14. Aufl., Hamburg

Eckert, H. (2012): Sprechen Sie noch oder werden Sie schon verstanden? 3. Aufl., München et. al.

Eckert, H. (2013): Wirtschaftsrhetorik. München

Frey, B. S., Osterloh, M. (Hrsg.) (2000): Managing Motivation. Wiesbaden

Frey, D., Peus, C., Traut-Mattausch, E. (2004): Innovative Unternehmenskultur und professionelle Führung – entscheidende Bedingungen für eine erfolgreiche Zukunft? München

Gomez, P., Probst, G. (1995): Die Praxis des ganzheitlichen Problemlösens. 2. Aufl., Bern et al.

Götz, E. (1990): Technische Aktienanalyse und die Effizienz des deutschen Kapitalmarktes. Heidelberg

Götz, E. (2007): Innovationen brauchen Anführer. 2. Aufl., Stuttgart

Götz, E. (2013): Der Faktor Zeit in der Kommunikation von Führungskräften oder: Warum im Unternehmen nicht immer alle in der gleichen Zeit leben. In: Eckert, H.: Wirtschaftsrhetorik. München, S. 60-70

Gutenberg, E. (1962): Unternehmensführung. Wiesbaden

Hoyos, C. G., Frey, D. (1999): Arbeits- und Organisationspsychologie. Weinheim

Hüther, G. (2006): Die Macht der inneren Bilder. Göttingen

Koslowski, P. (2009): Ethik der Banken. München

Kostka, C., Mönch, A. (2002): Change Management. München et al.

Kübler-Ross, E. (1971): Interviews mit Sterbenden. Stuttgart

Kupke, Ch. (2009): Der Begriff der Zeit in der Psychopathologie. Berlin

Lindzey, G., Aronson, E. (Hrsg.) (1985): The Handbook of Social Psychology. New York

Lorenz, K. (1984): Das sogenannte Böse. 11. Aufl., München

Marquard, O. (2010): Abschied vom Prinziliellen. Stuttgart

Miyamoto Musashi (1998): Fünf Ringe – Die Kunst des Samurai-Schwertweges. München

Moestl, B. (2010): Shaolin. München

Monod, J. (1985): Zufall und Notwendigkeit. 7. Aul., München

Nietzsche, F. (2010): Ecce Homo. 6. Aufl., München

Popper, K. R. (1973): Objektive Erkenntnis, Hamburg

Popper, K. R. (2006): Alles Leben ist Problemlösen, 10. Aufl., München

Rosenberg, M. B. (2010): Gewaltfreie Kommunikation – Eine Sprache des Lebens. 9. Aufl., Paderborn

Samuelson, P.A. (1975): Volkswirtschaftslehre. 6. Aufl., Köln

Schmidbauer, W. (2007): Persönlichkeit und Menschenführung. München

Schönberger, M. (2004): Mein Chef ist ein Arschloch, Ihrer auch? München

Schreyögg, G. (2003): Organisation – Grundlagen moderner Organisationsgestaltung. Wiesbaden

Schulz von Thun, F., Ruppel, J., Stratmann, R. (2009): Miteinander reden: Kommunikationspsychologie für Führungskräfte. 10. Aufl., Hamburg

Schuppli, P. (1998): Führung im Verkauf. Bern et al.

Sciacchitano, A. (2009): Unendliche Subversion, Wien

Sewell, C., Brown, P. B. (1996): Kunden fürs Leben. Wiesbaden

Simon, F. B. (2004): Gemeinsam sind wir blöd!? Heidelberg

Simon, F.B. (2012): Einführung in die Systemtheorie des Konflikts, Heidelberg

Skidelsky, R. (2010): Die Rückkehr des Meisters – Keynes für das 21. Jahrhundert. München

Sunzi (1998): Die Kunst des Krieges, München

Szebel-Habig, A. (2004): Mitarbeiterbindung: Auslaufmodell Loyalität? Weinheim et al.

Taleb, N. N. (2008): Der Schwarze Schwan. München

von Rosenstiel, L., Comelli, G. (2003): Führung zwischen Stabilität und Wandel. München

Winterhoff-Spurk, P. (2002): Organisationspsychologie: eine Einführung. Stuttgart

Zimmermann, B. (Hrsg.) (2009): Mythische Wiederkehr, Freiburg i. Br. et al.

Zohar, D. (2000): Am Rande des Chaos. St. Gallen et al.

i want morebooks!

Buy your books fast and straightforward online - at one of world's fastest growing online book stores! Environmentally sound due to Print-on-Demand technologies.

Buy your books online at
www.get-morebooks.com

Kaufen Sie Ihre Bücher schnell und unkompliziert online – auf einer der am schnellsten wachsenden Buchhandelsplattformen weltweit! Dank Print-On-Demand umwelt- und ressourcenschonend produziert.

Bücher schneller online kaufen
www.morebooks.de

VDM Verlagsservicegesellschaft mbH
Heinrich-Böcking-Str. 6-8   Telefon: +49 681 3720 174   info@vdm-vsg.de
D - 66121 Saarbrücken   Telefax: +49 681 3720 1749   www.vdm-vsg.de

Printed by Books on Demand GmbH, Norderstedt / Germany